**“Repress the natural and it comes back even stronger: not everyone can be a fetishist”**

***Philippe Lejeune***

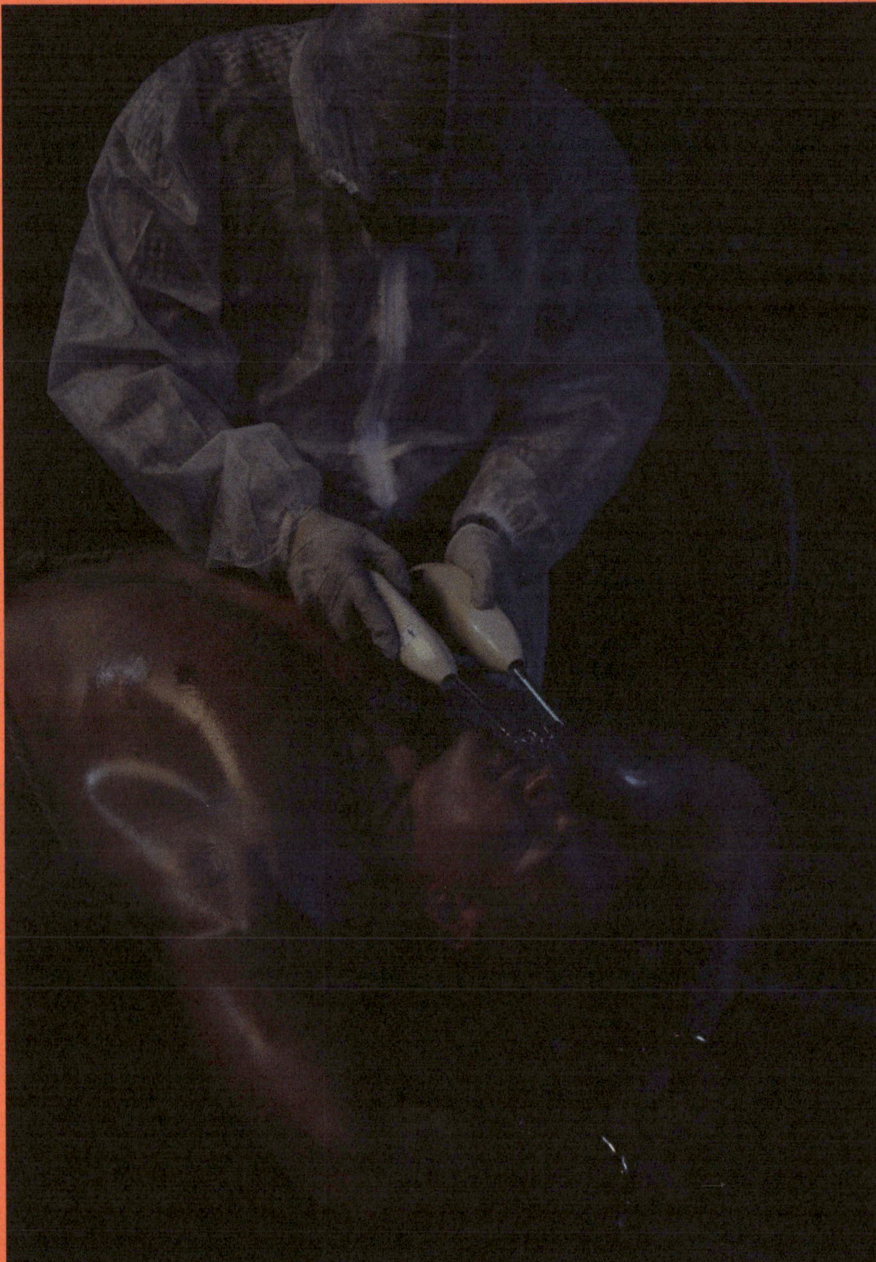

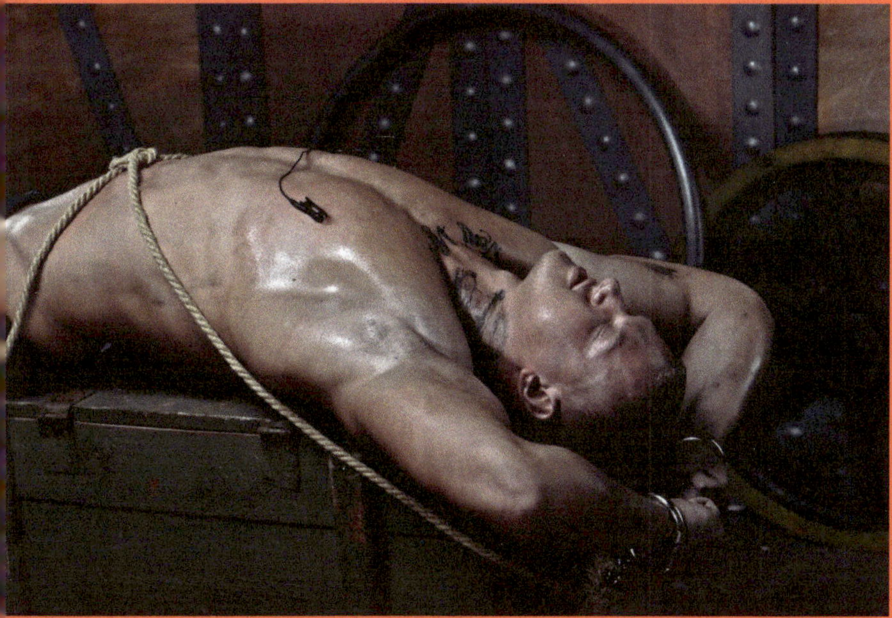

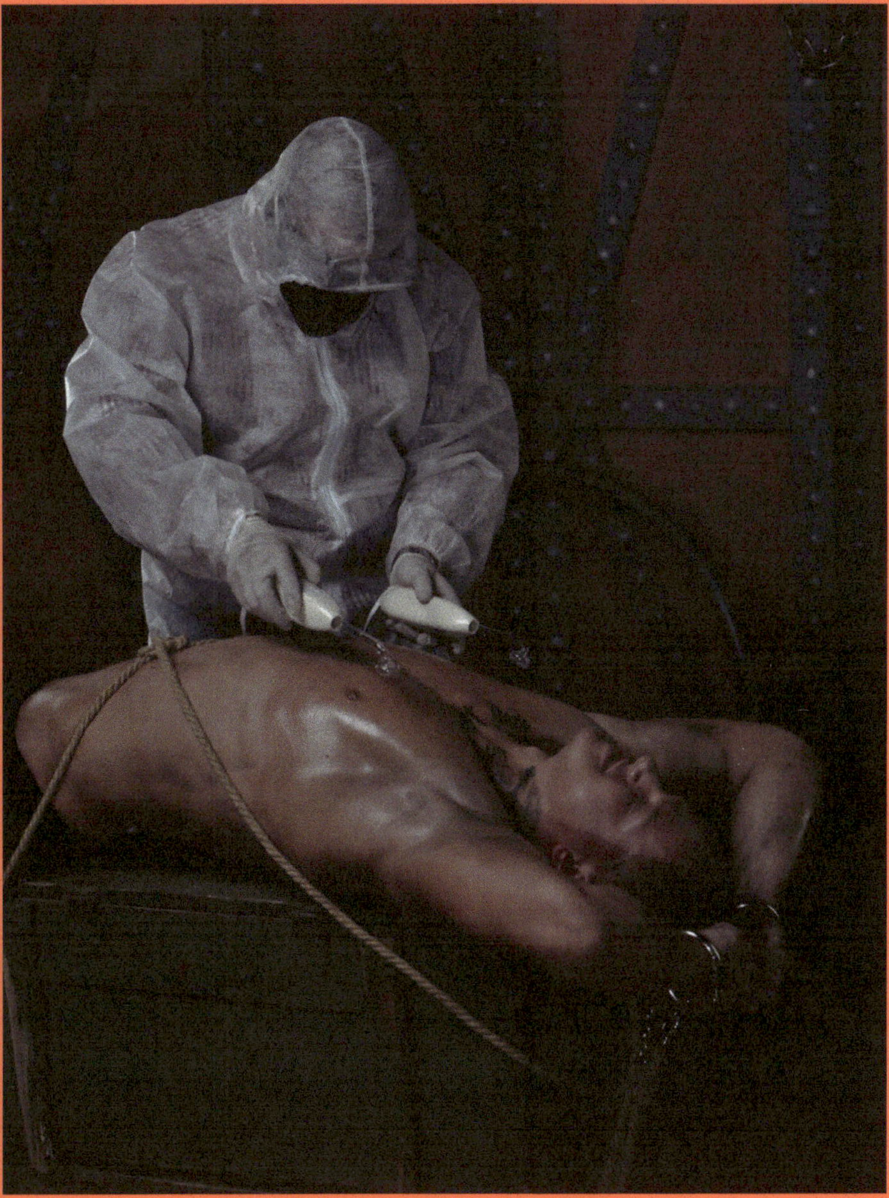

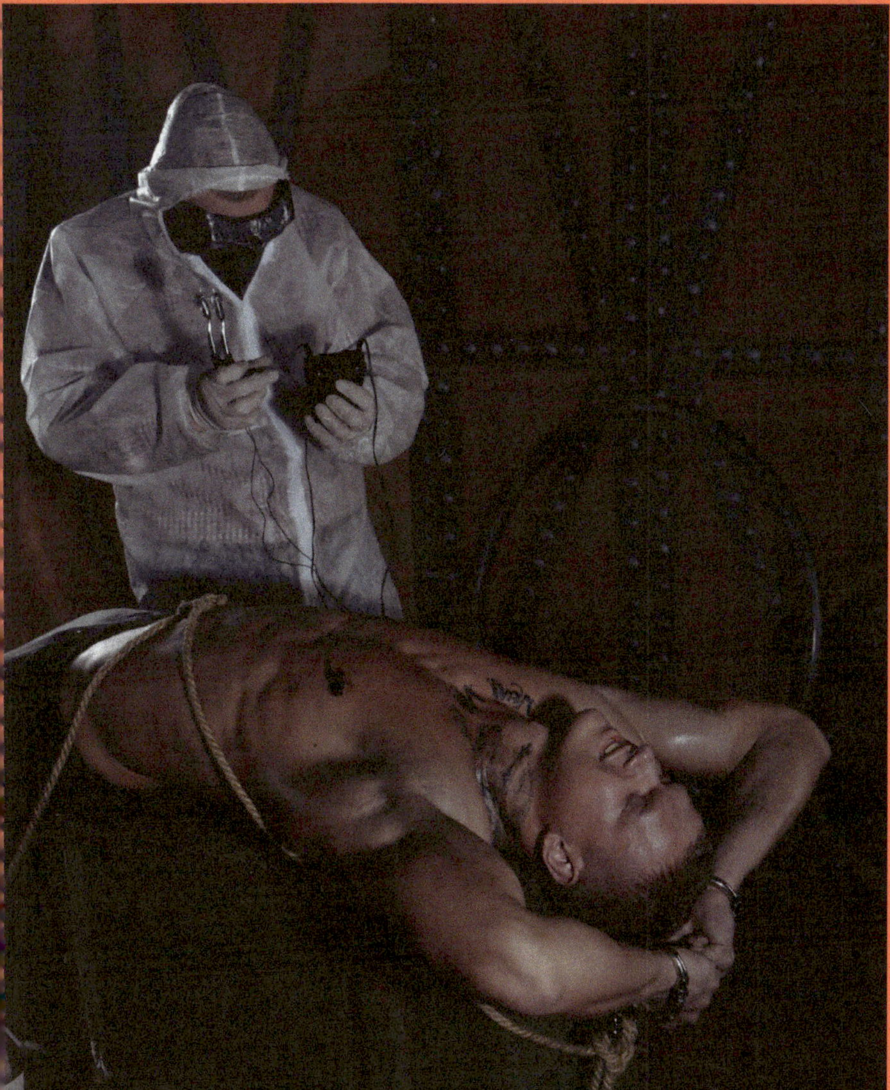

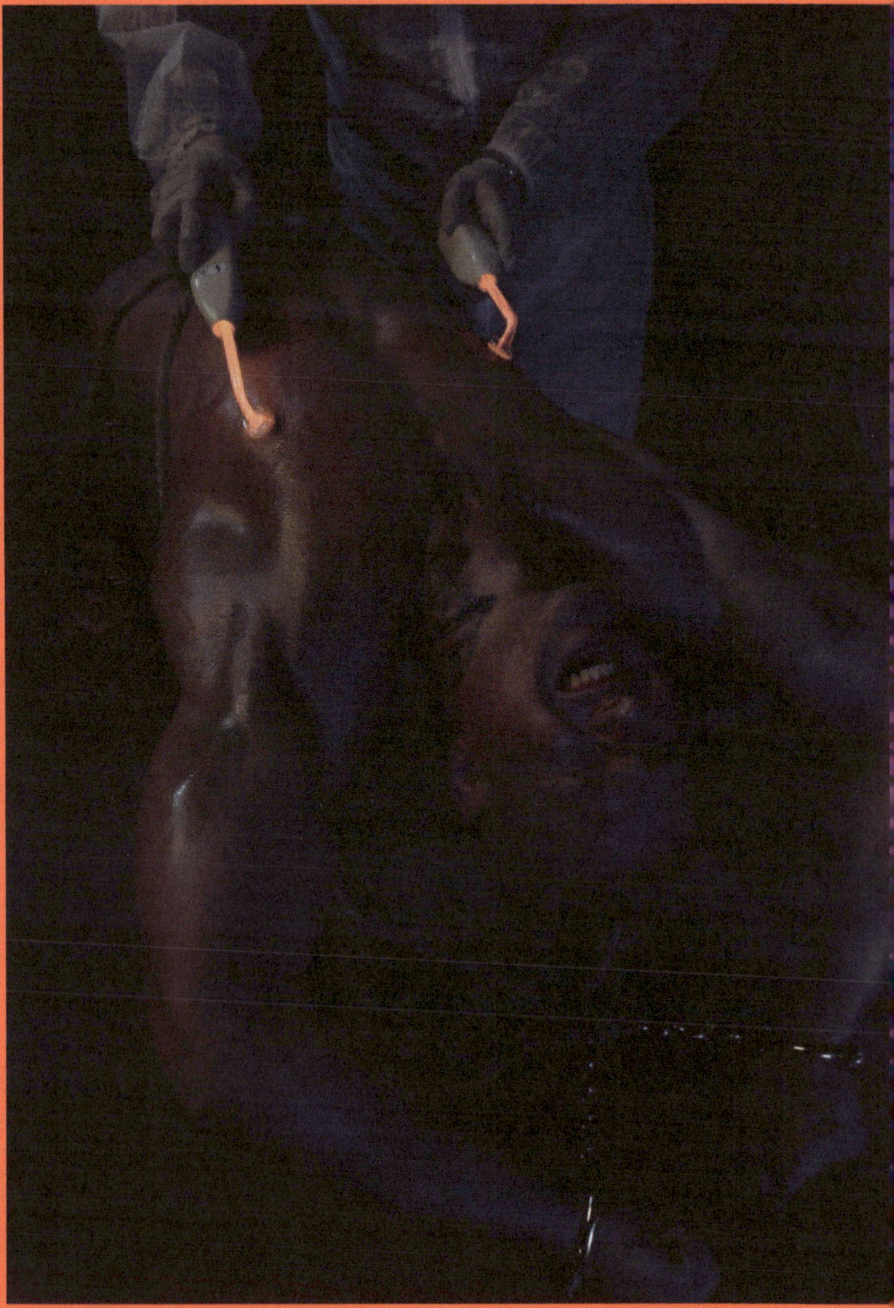

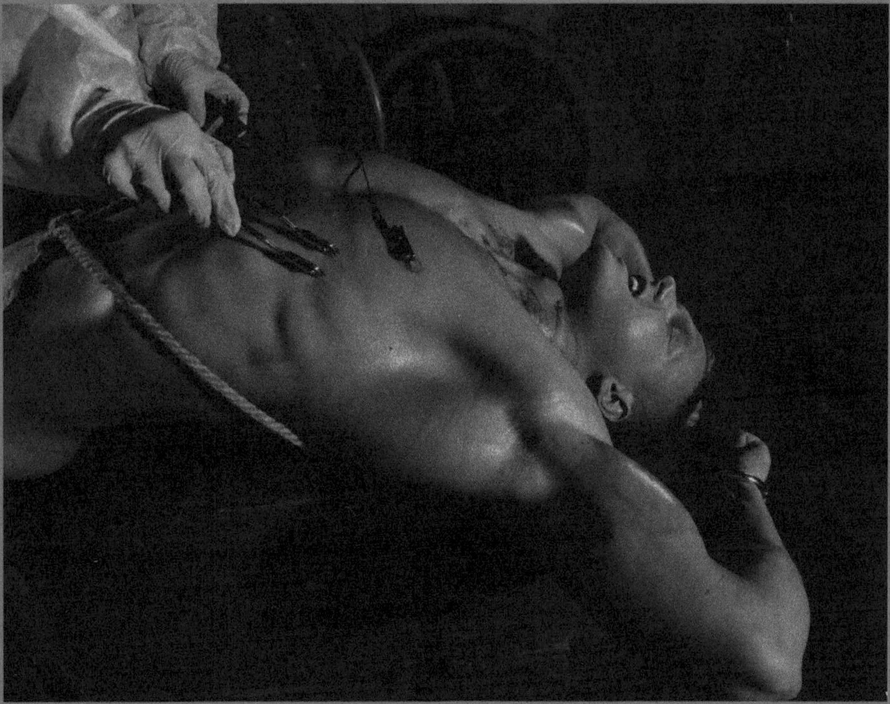

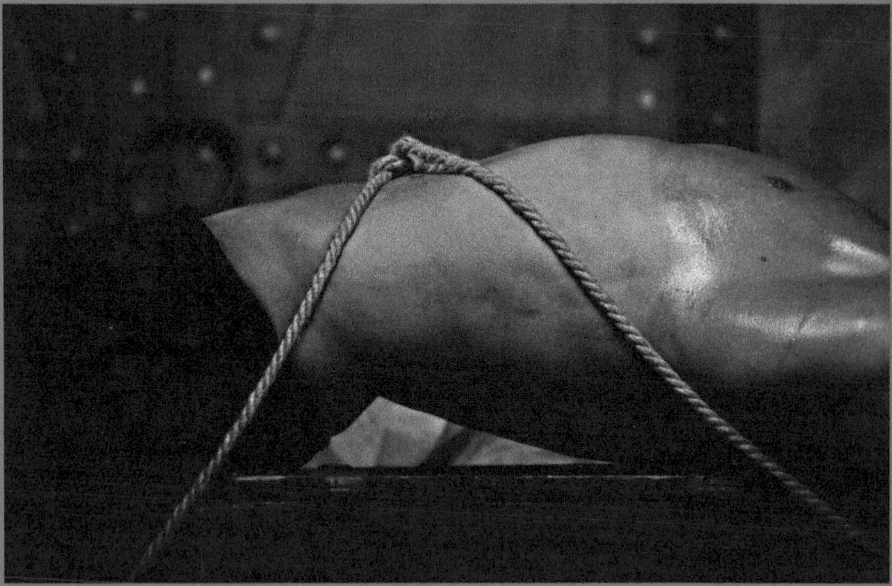

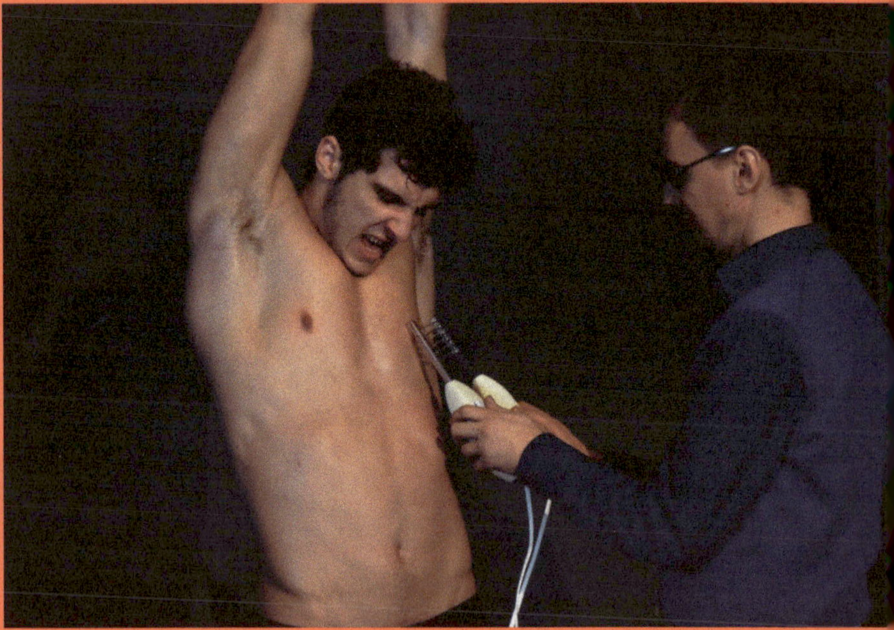

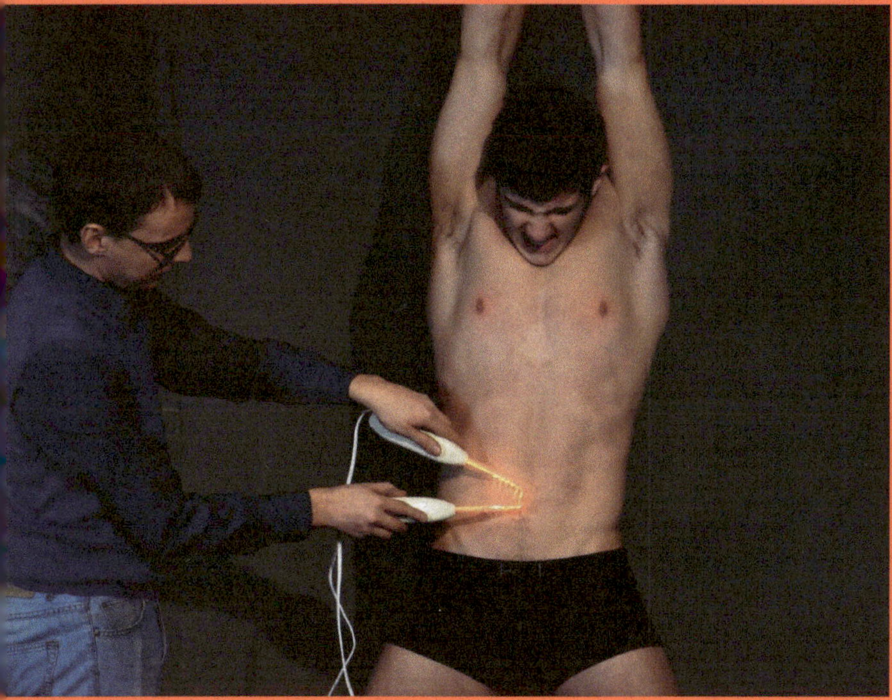

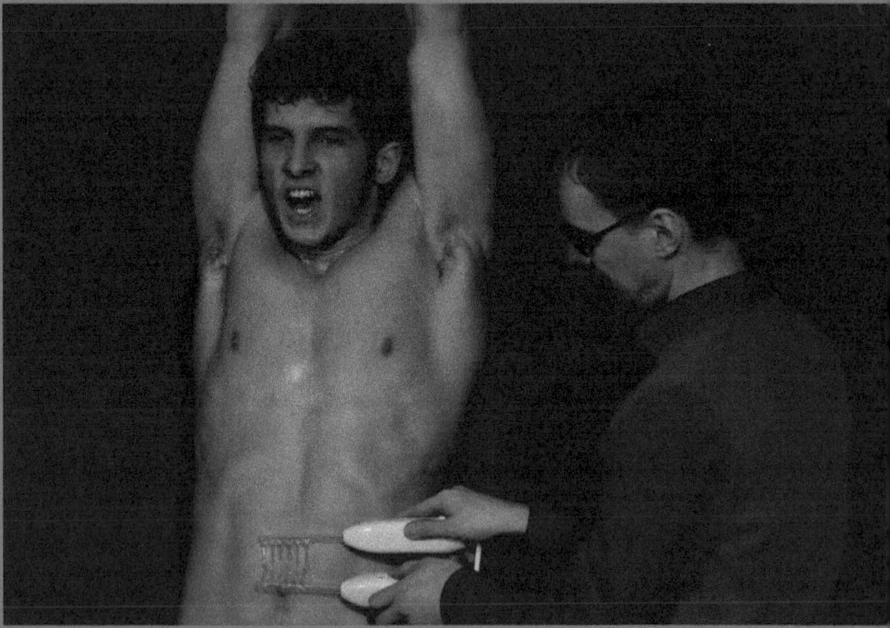

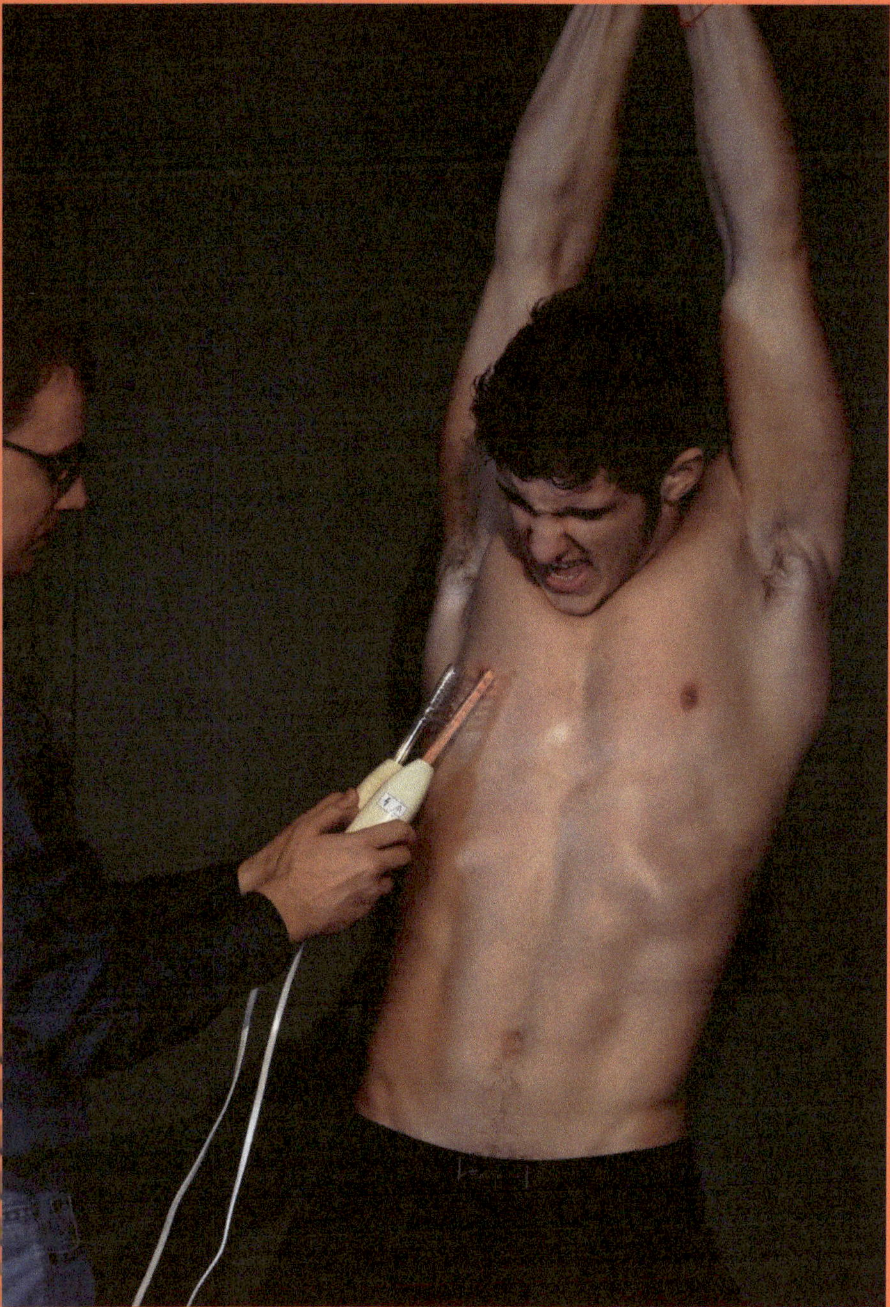

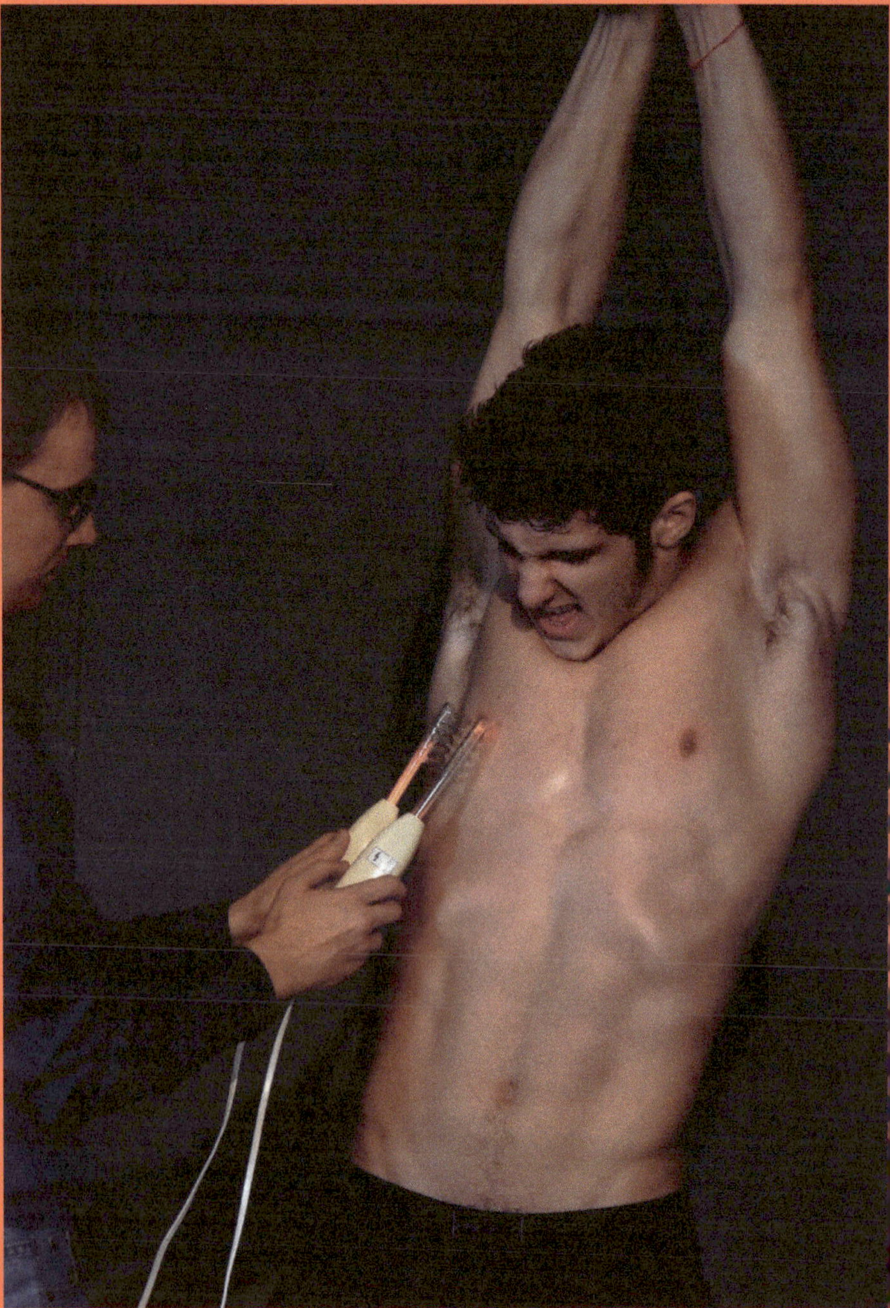

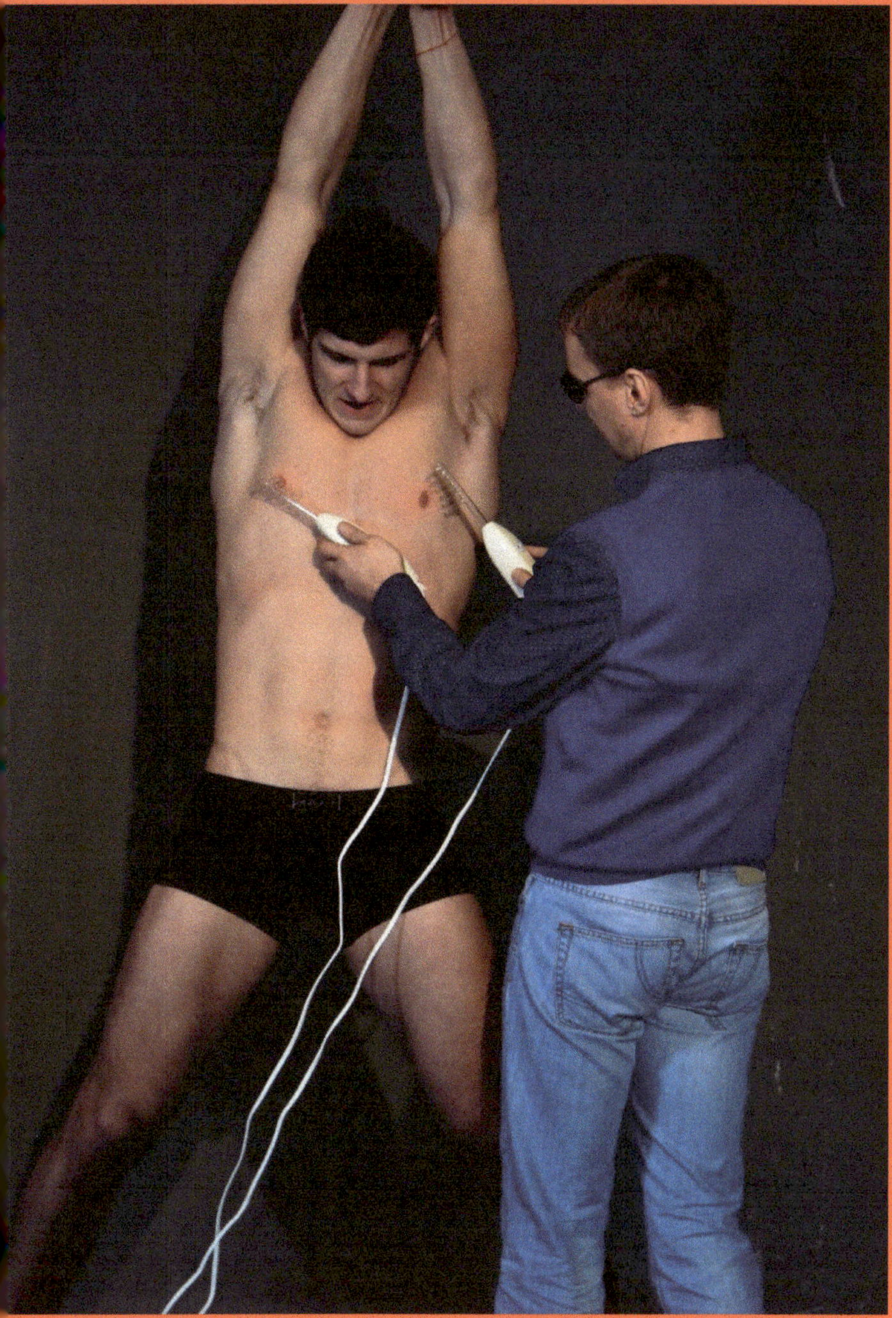

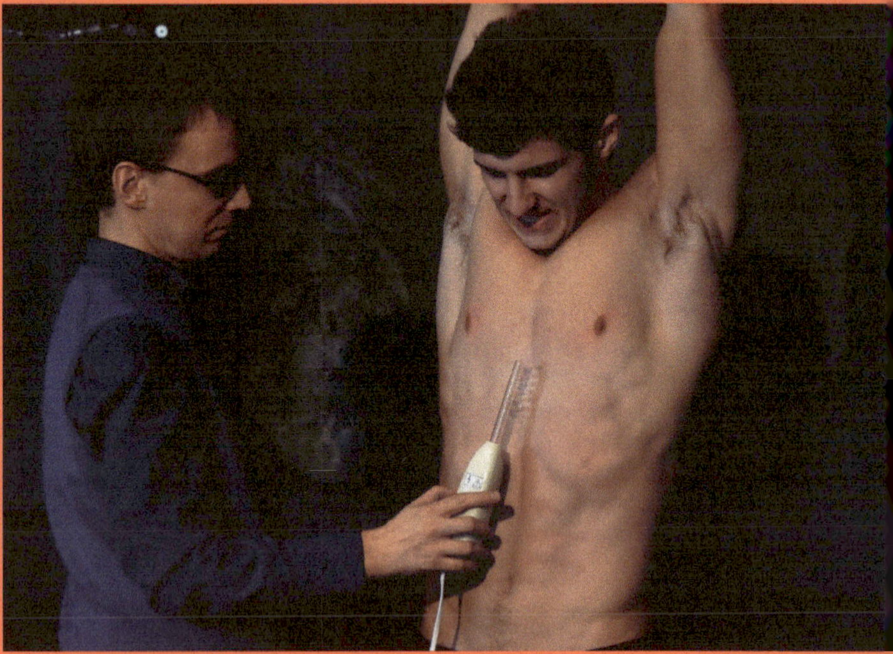

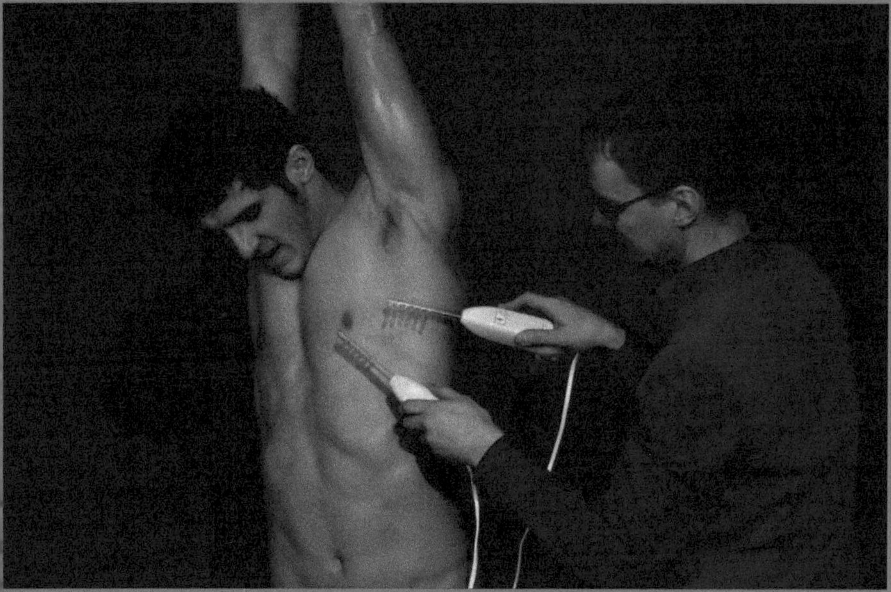

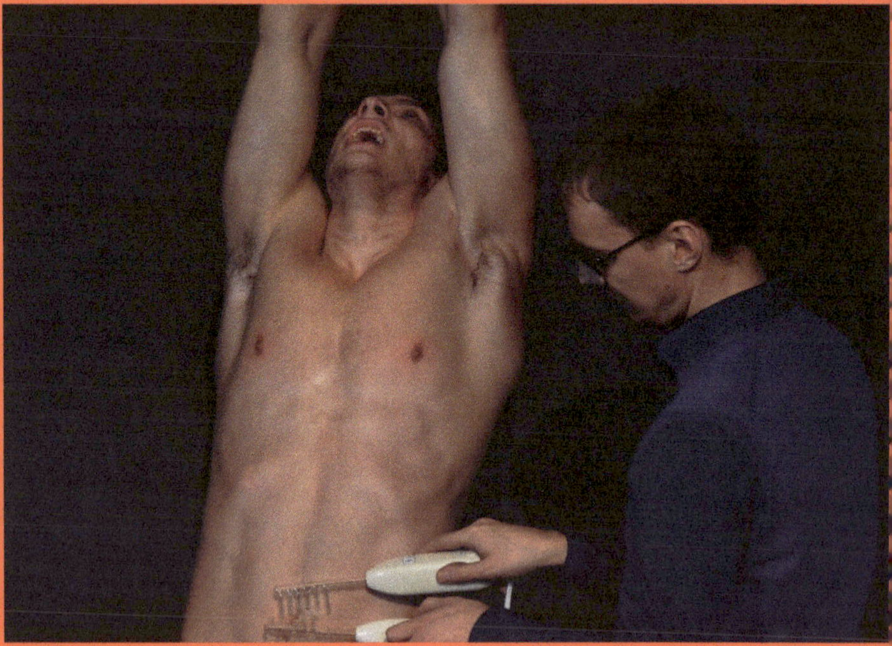

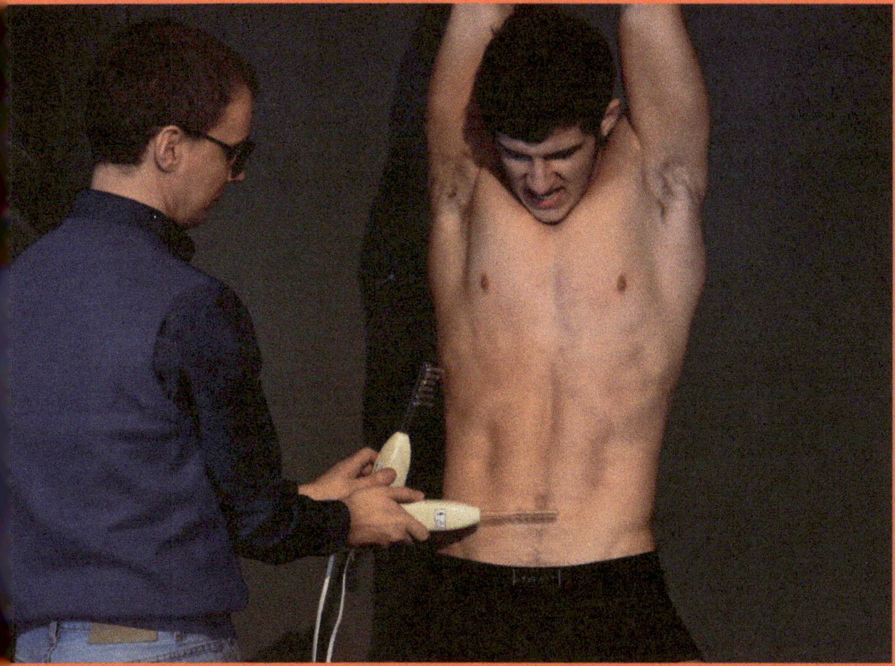

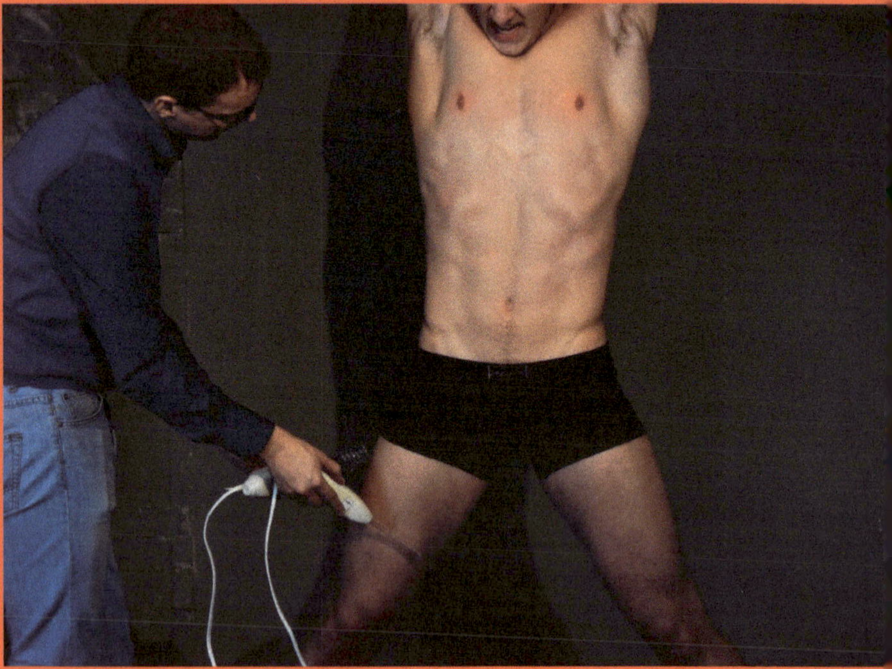

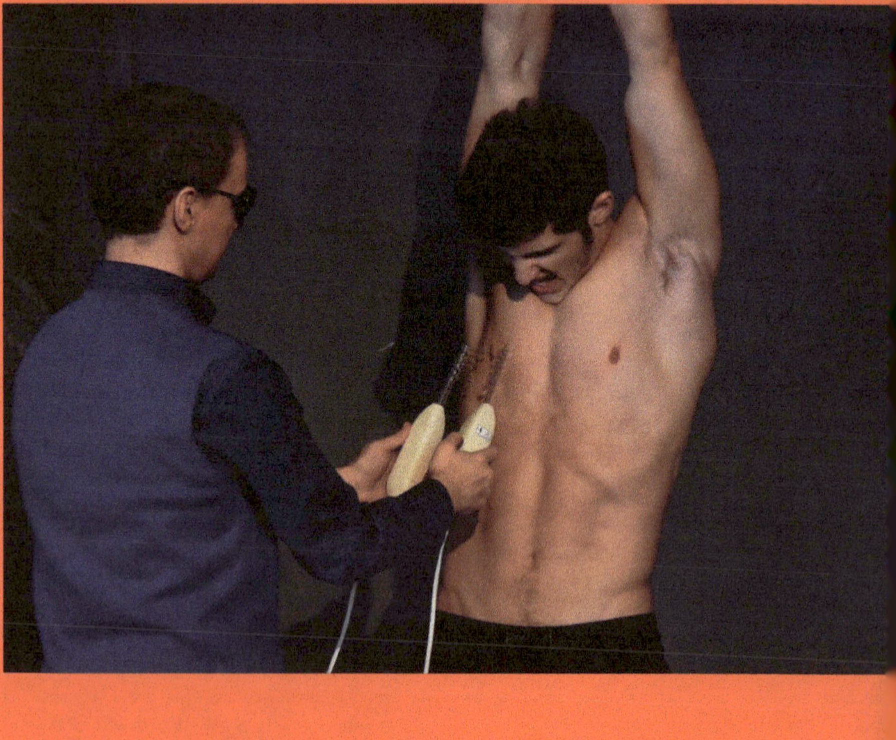

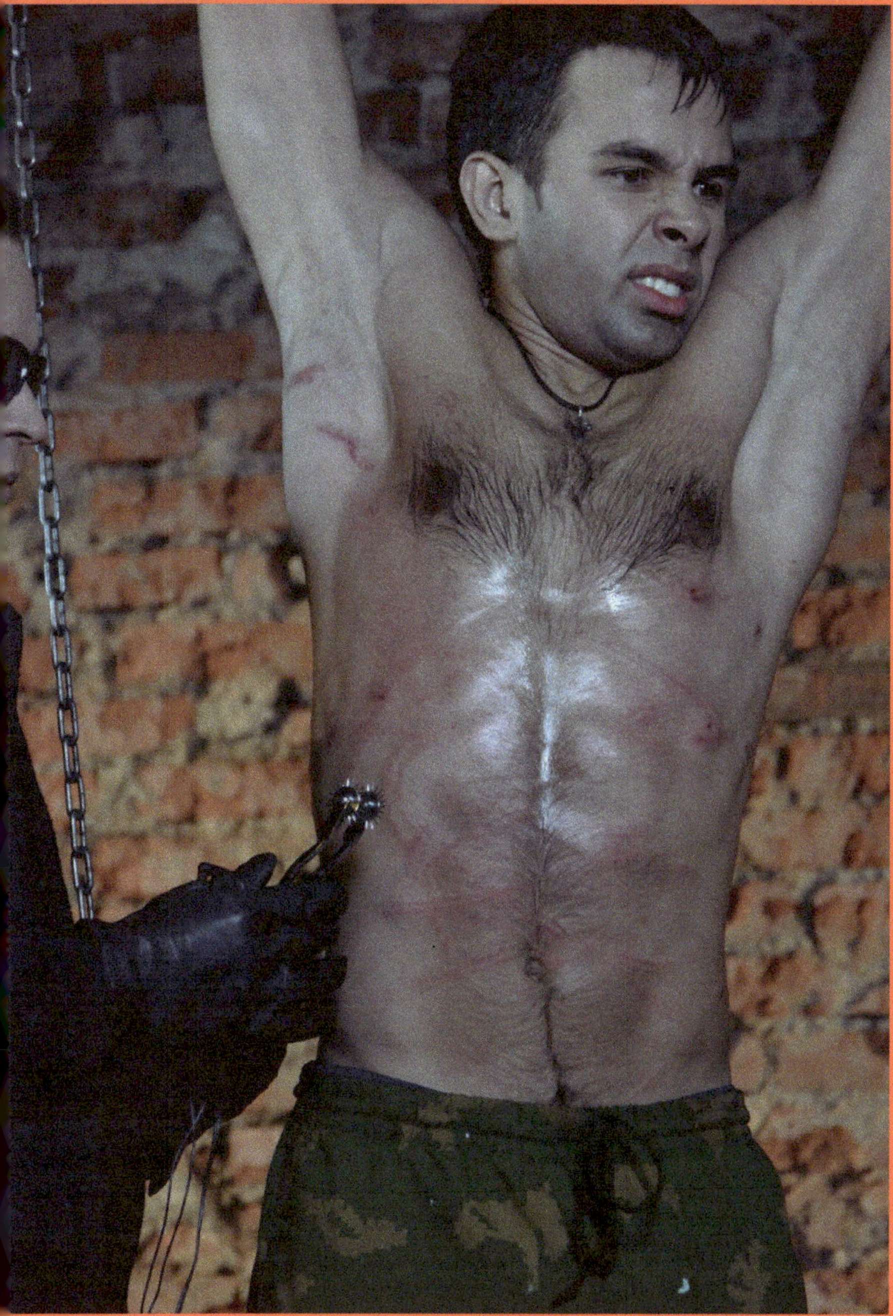

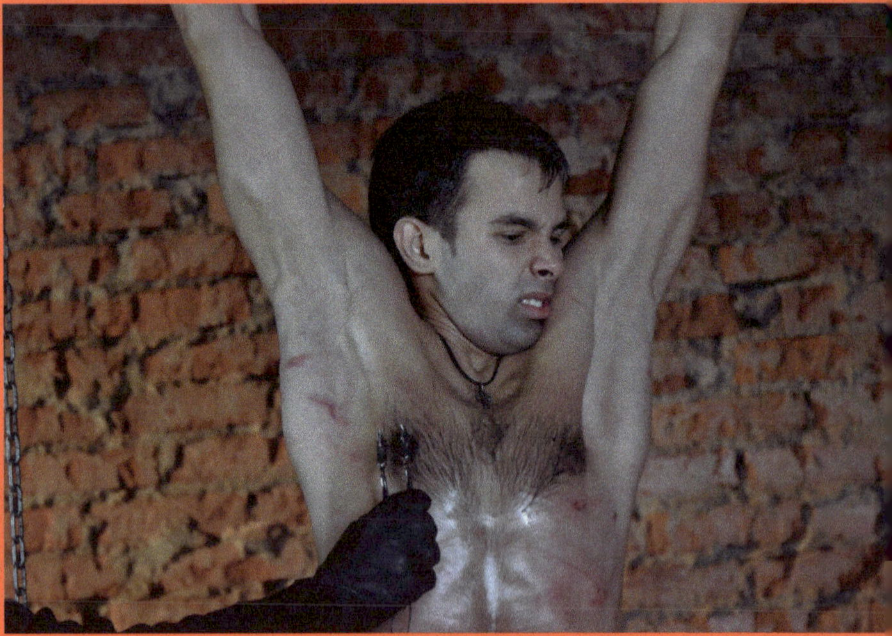

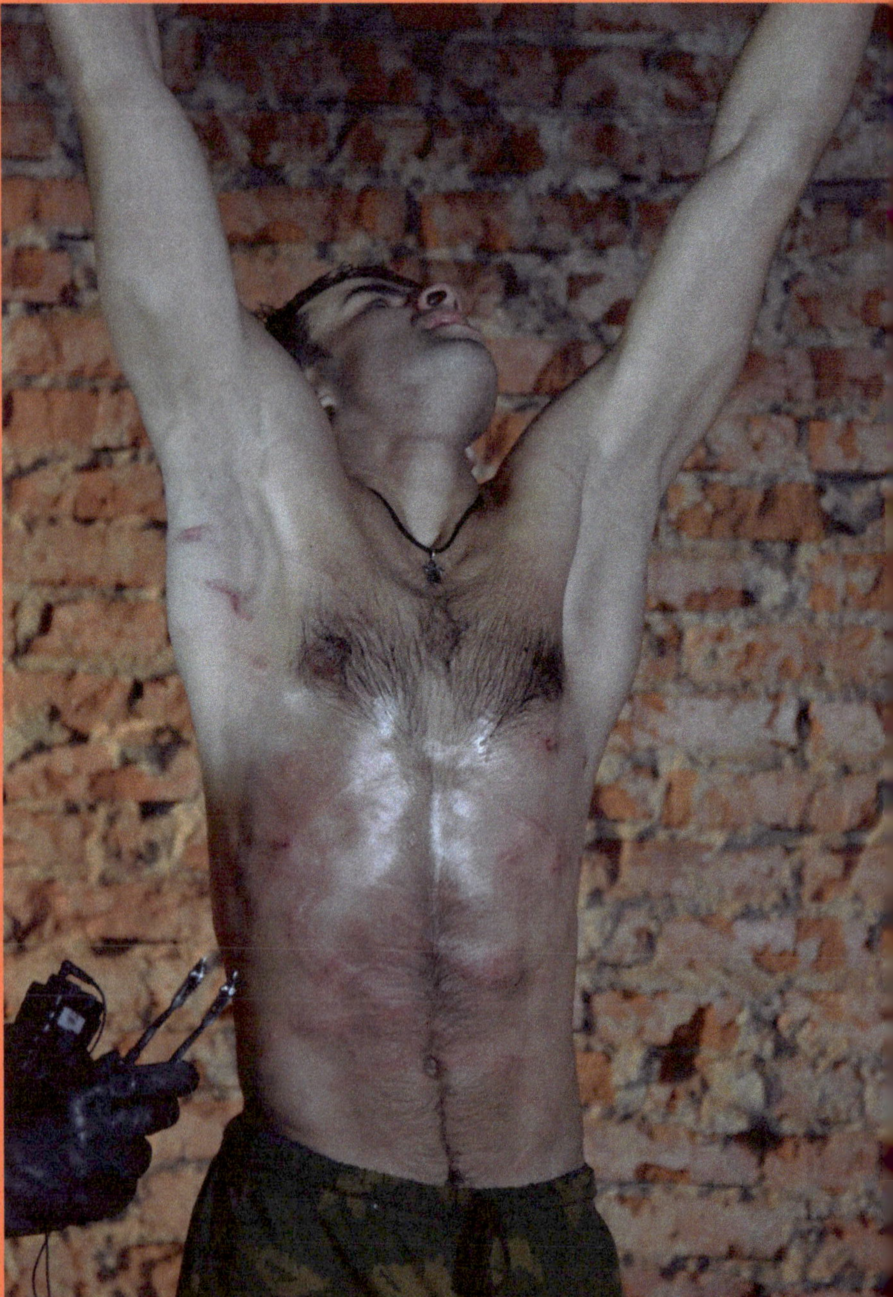

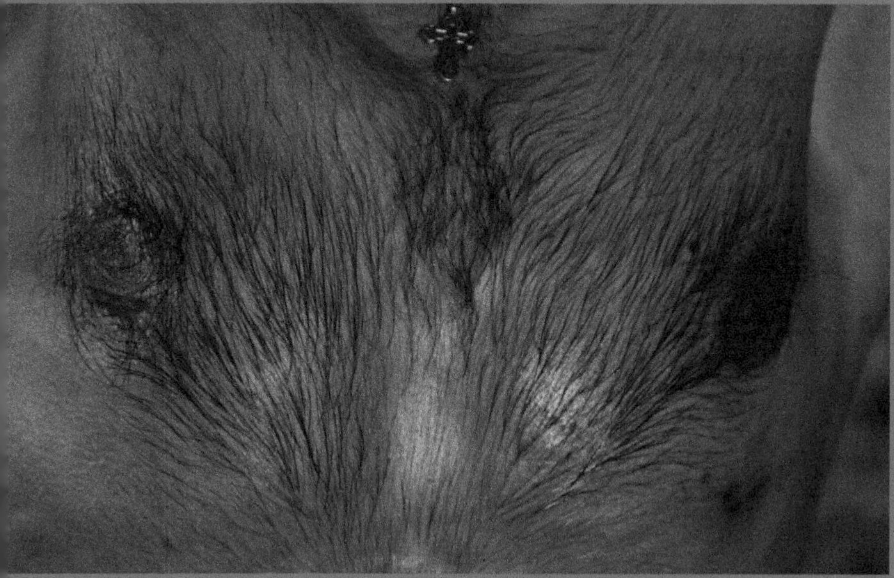

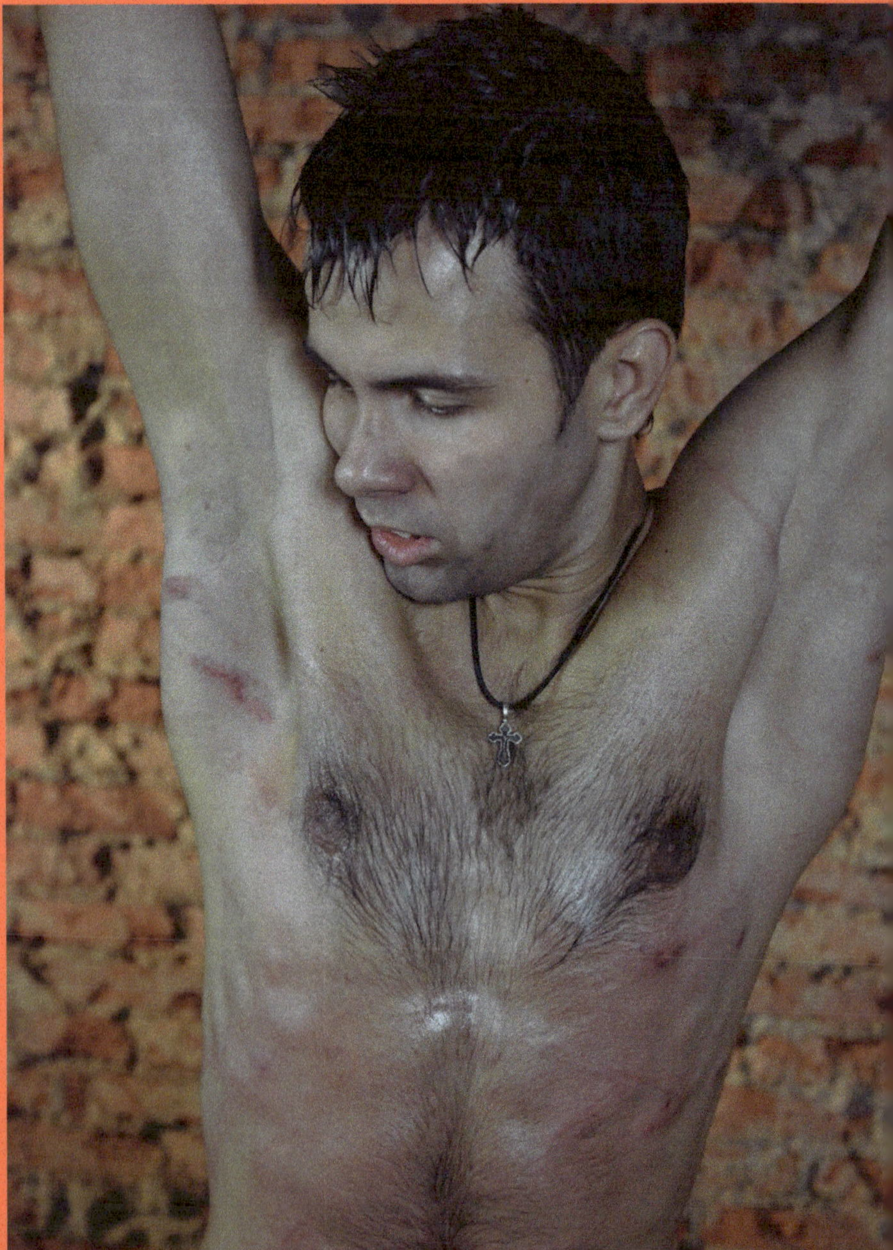

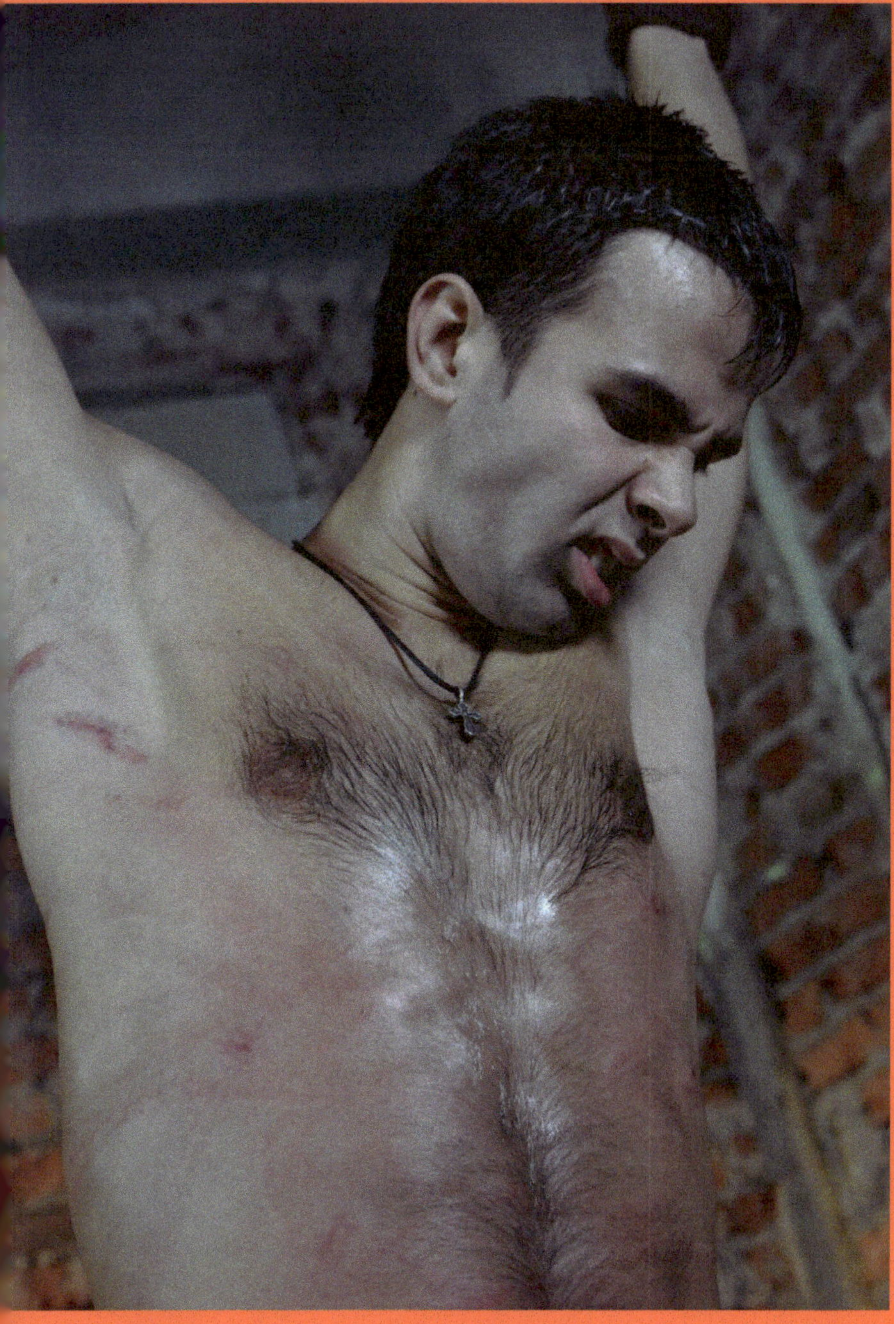

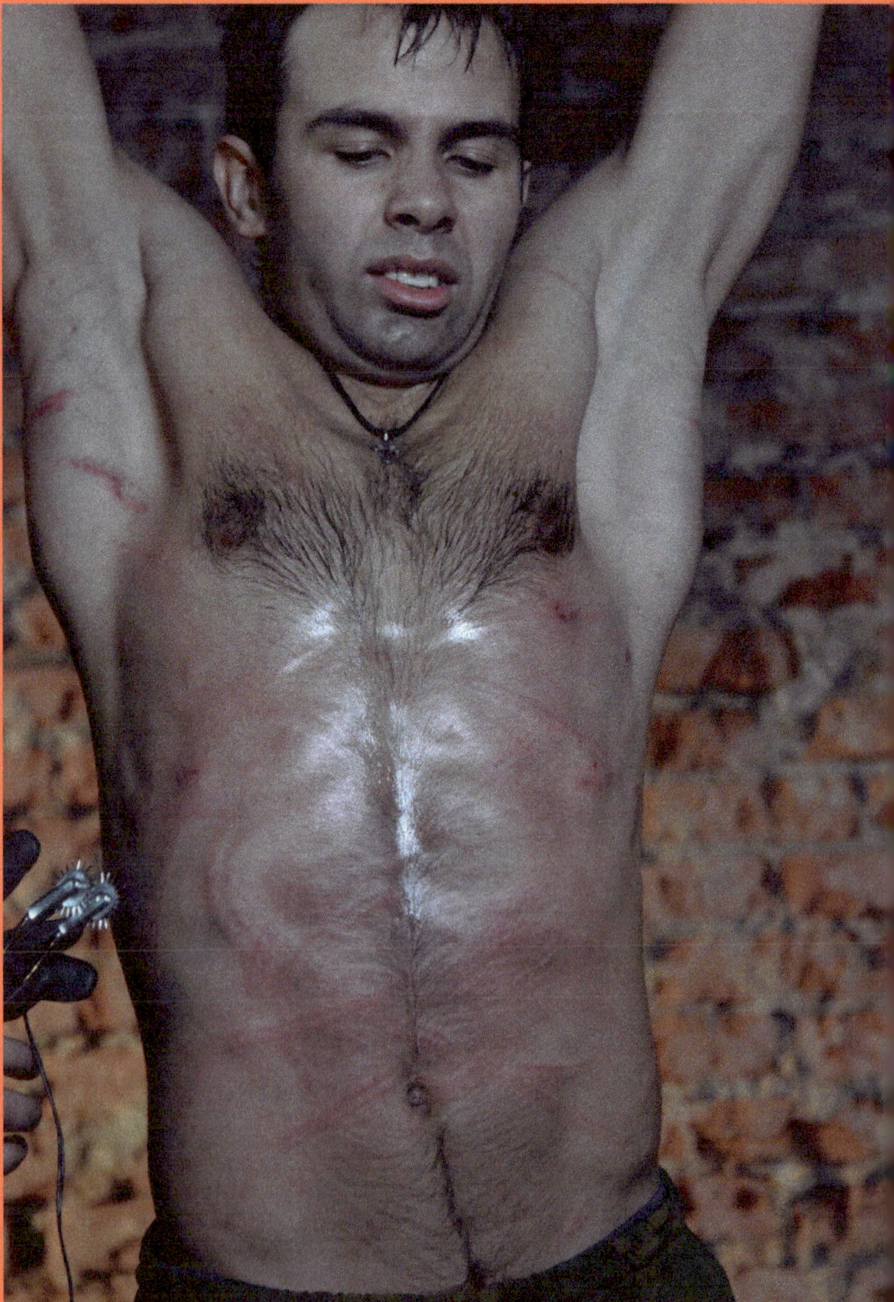

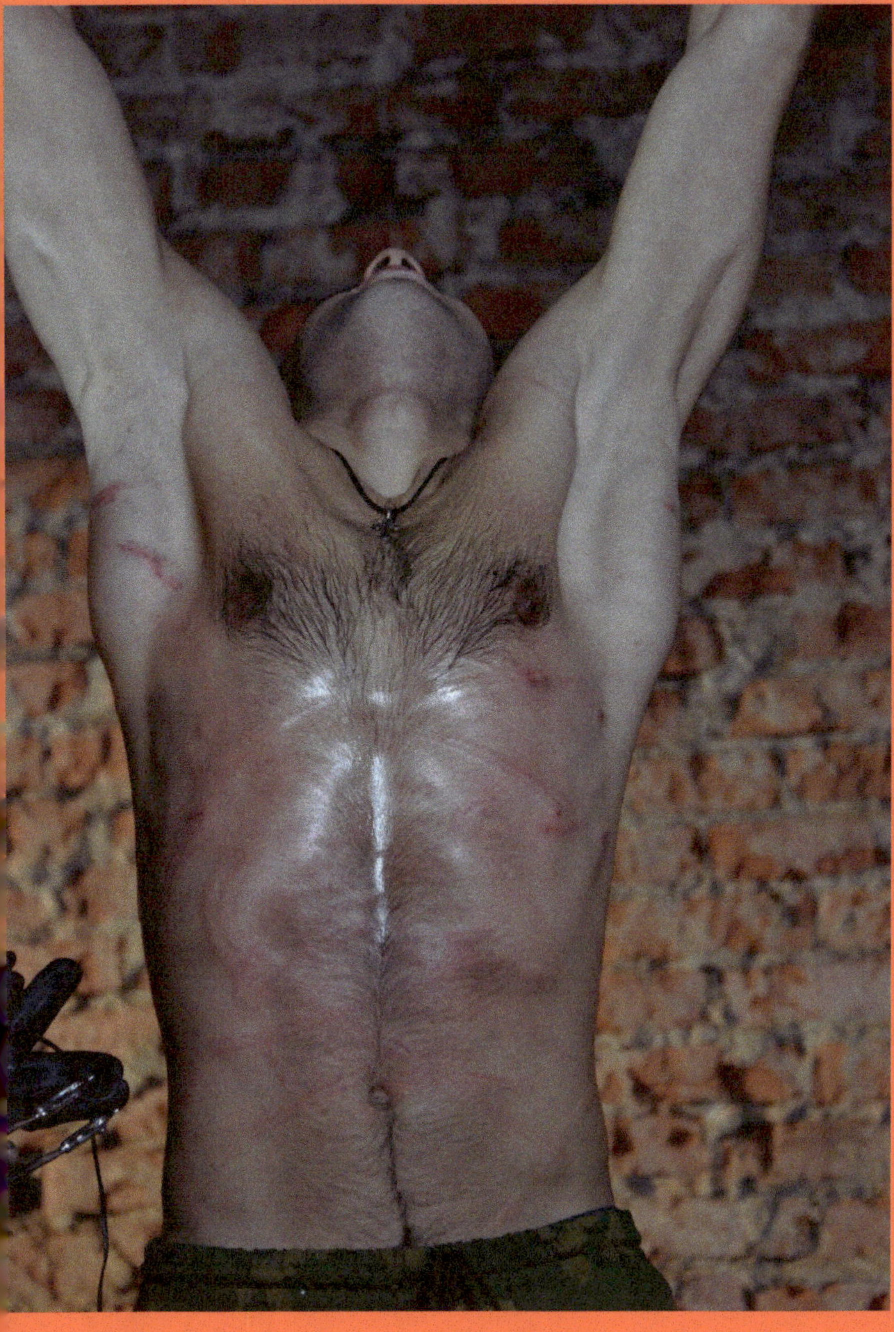

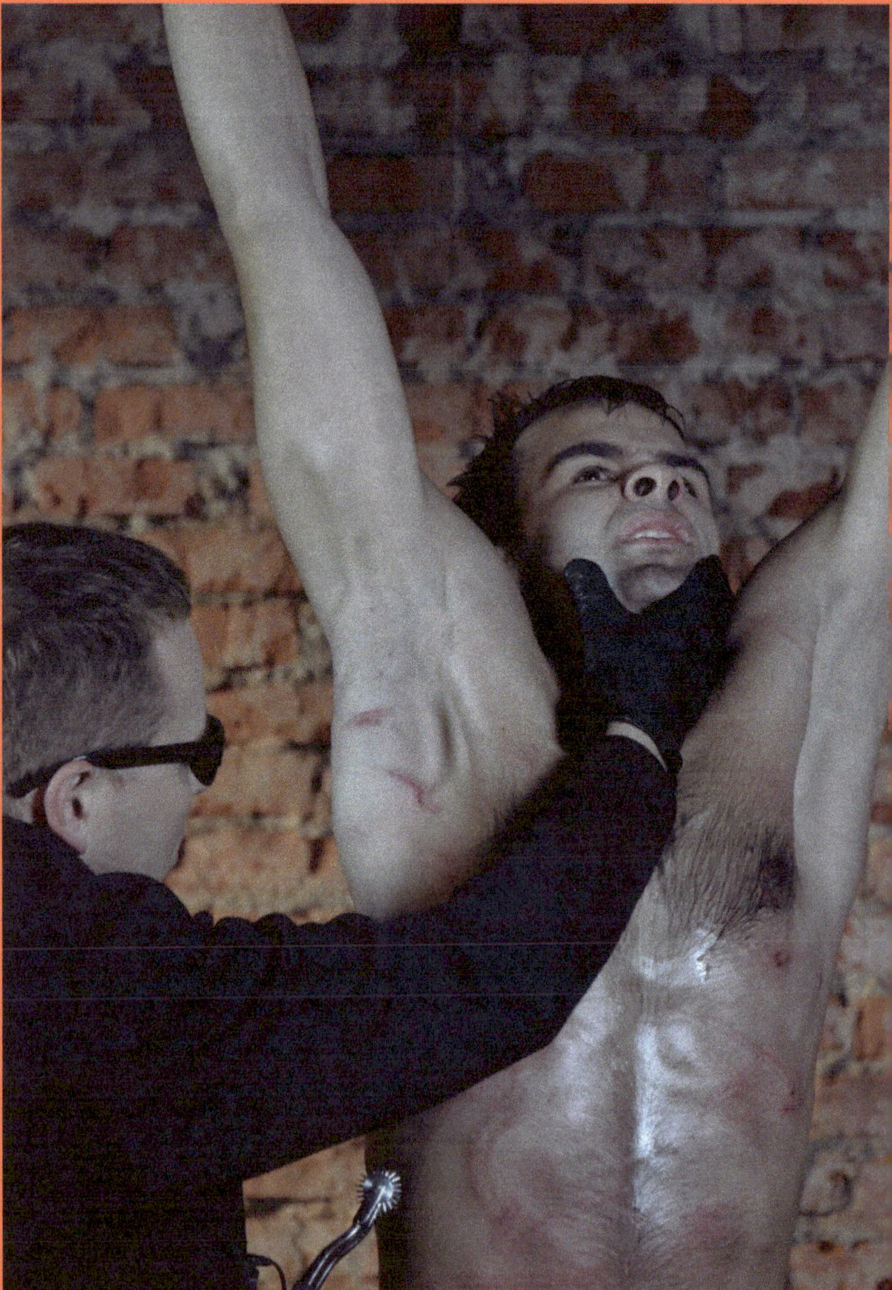

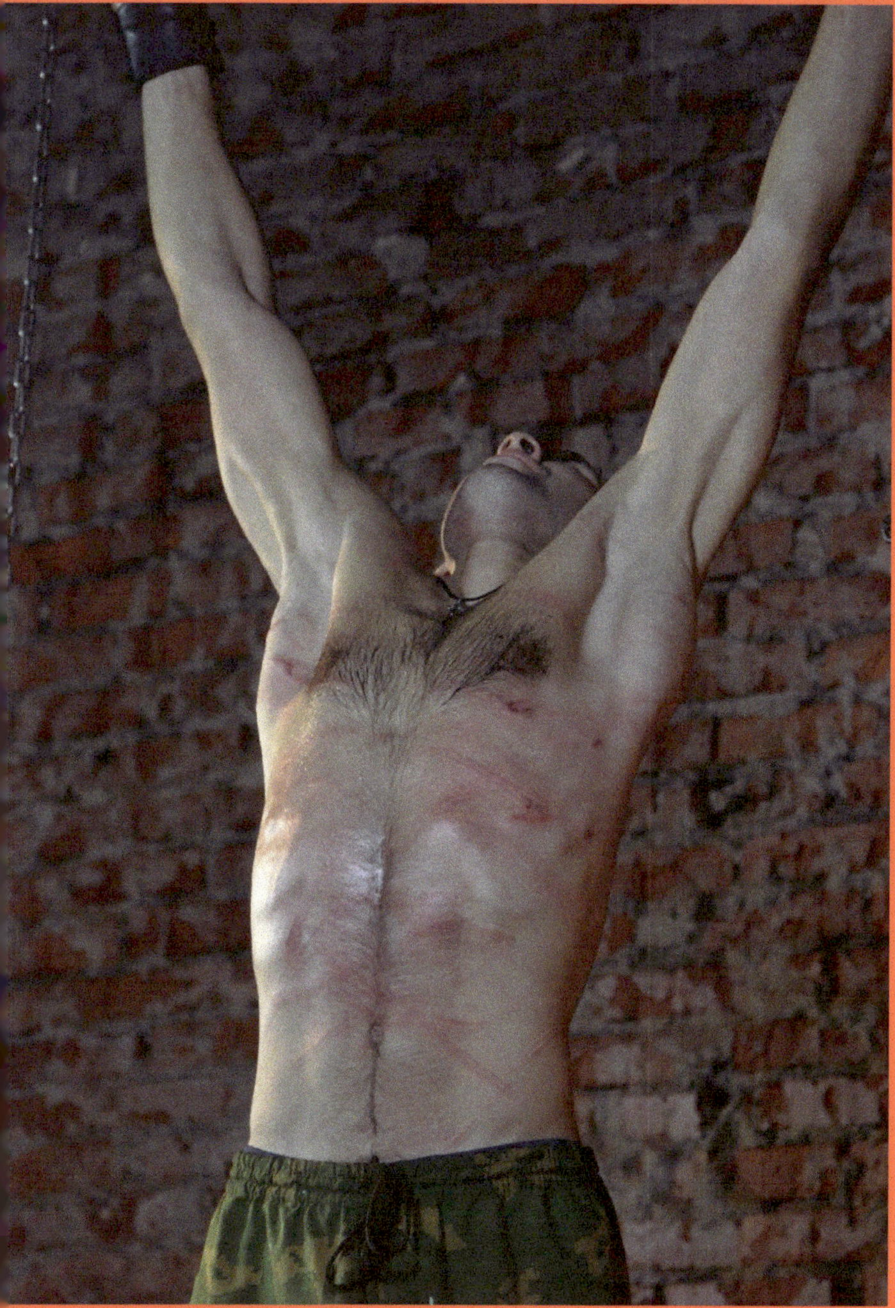

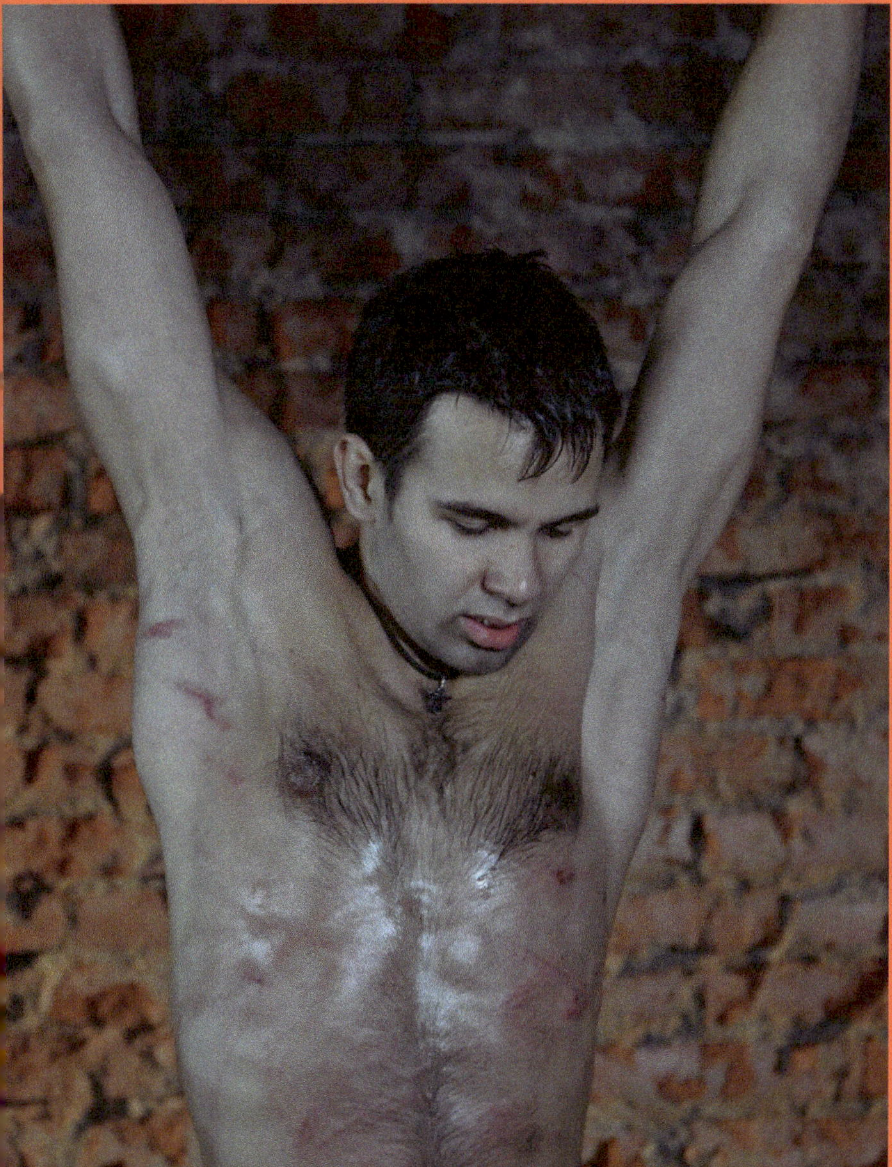

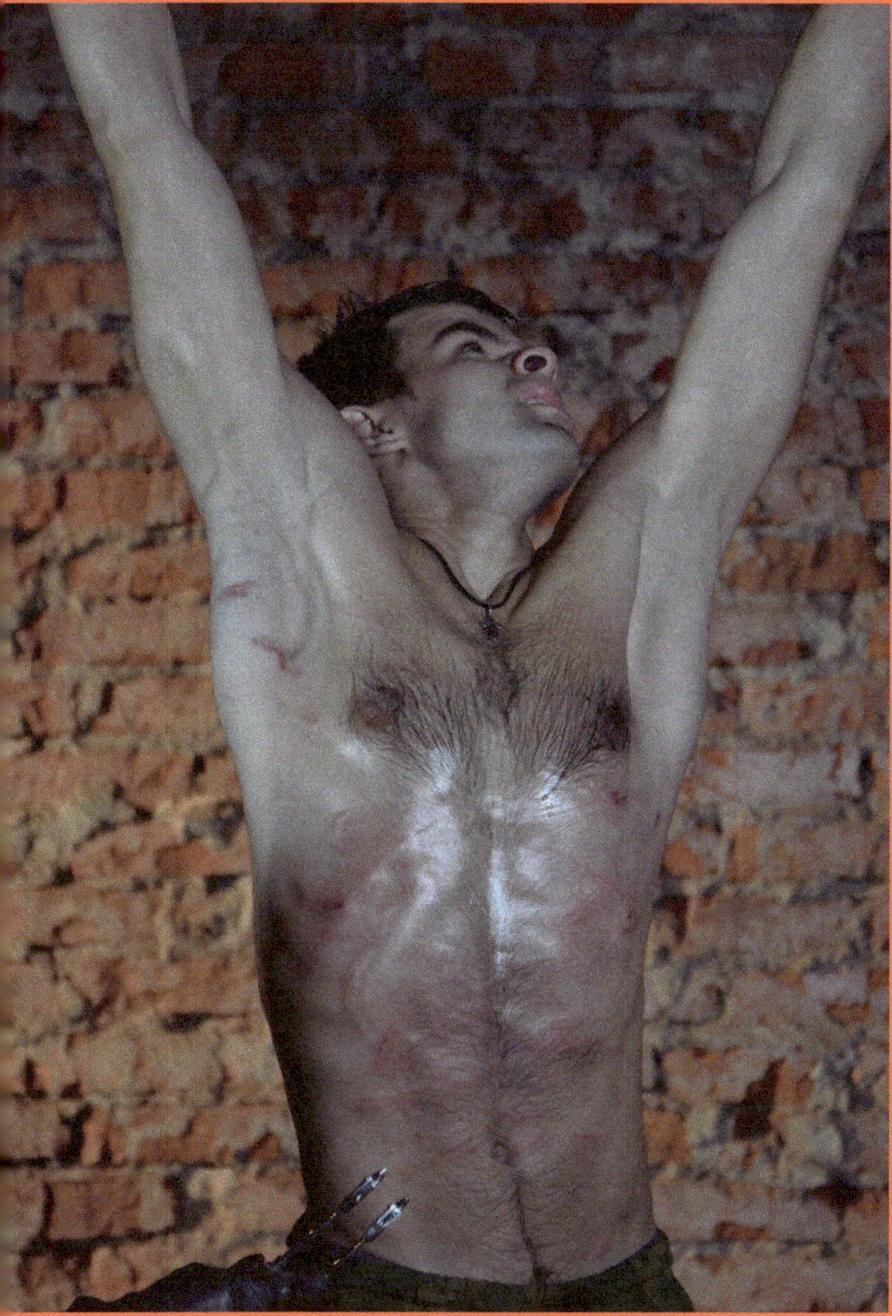

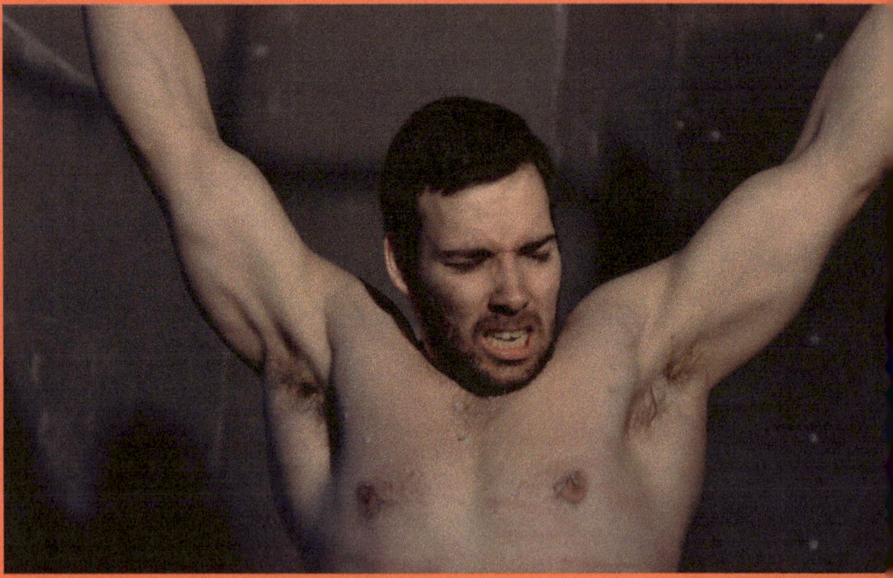

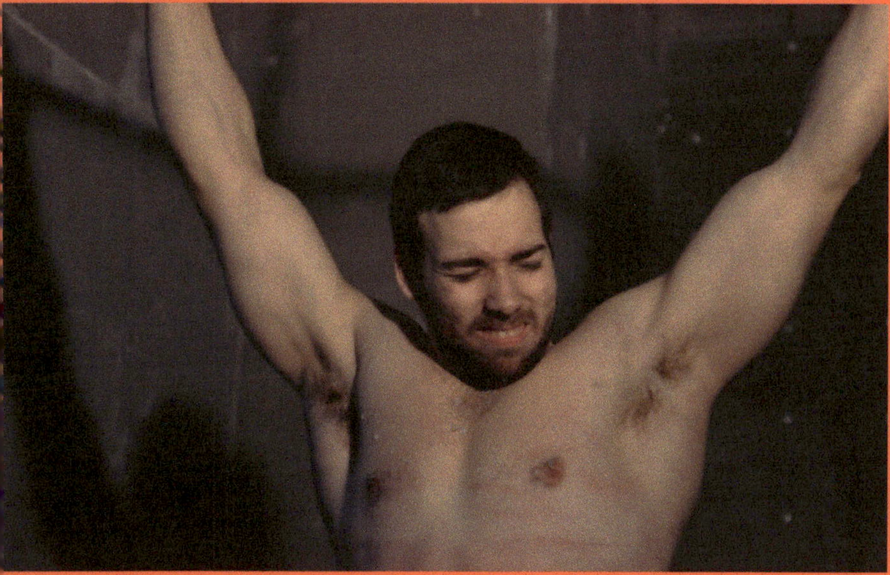

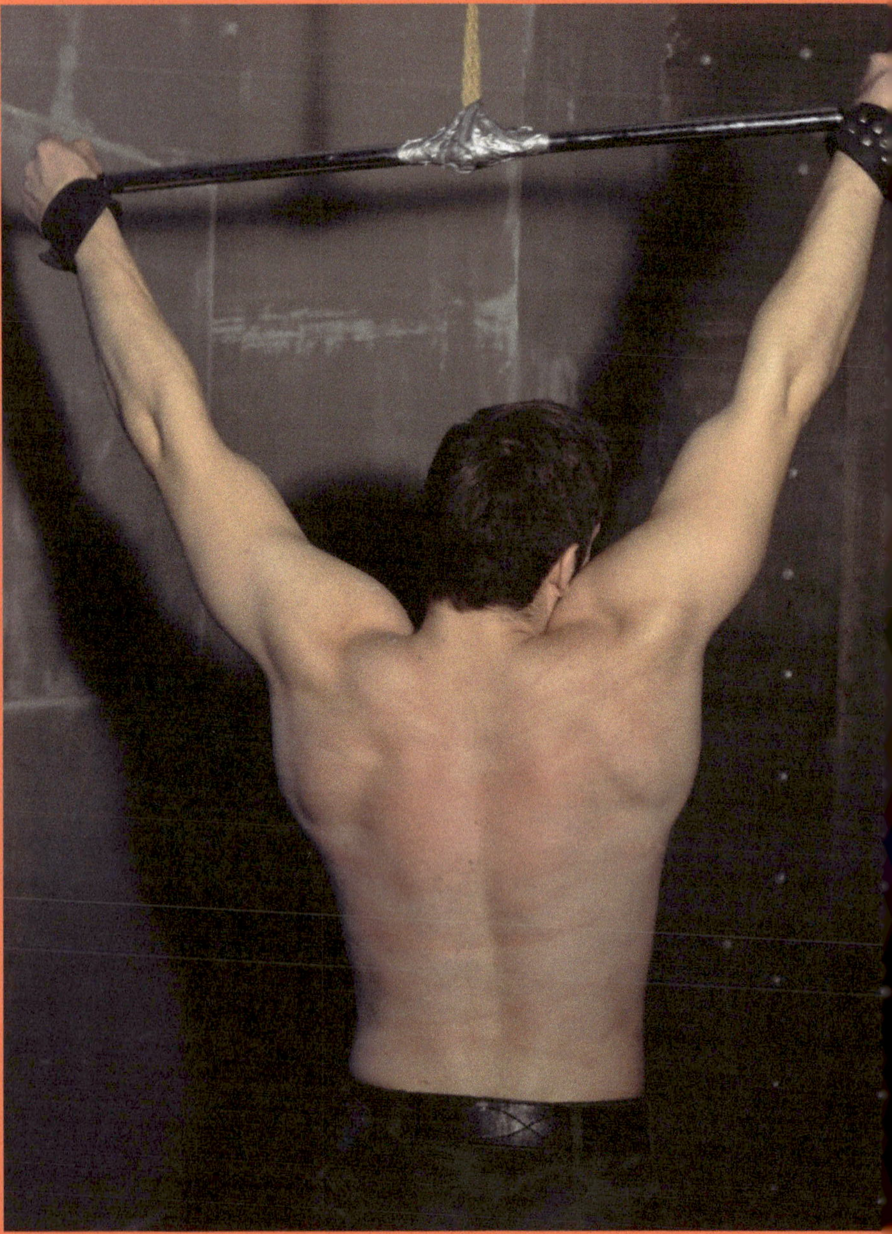

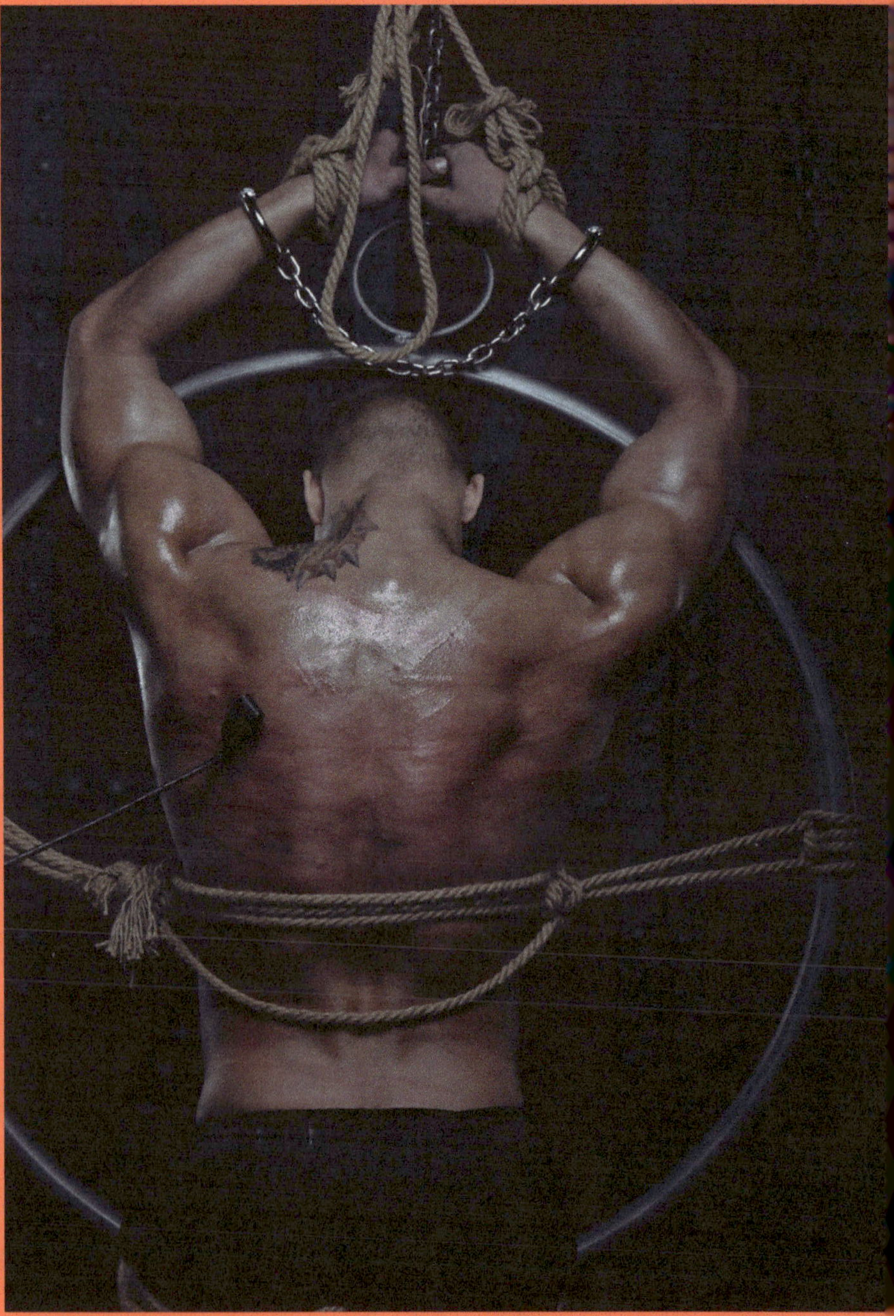

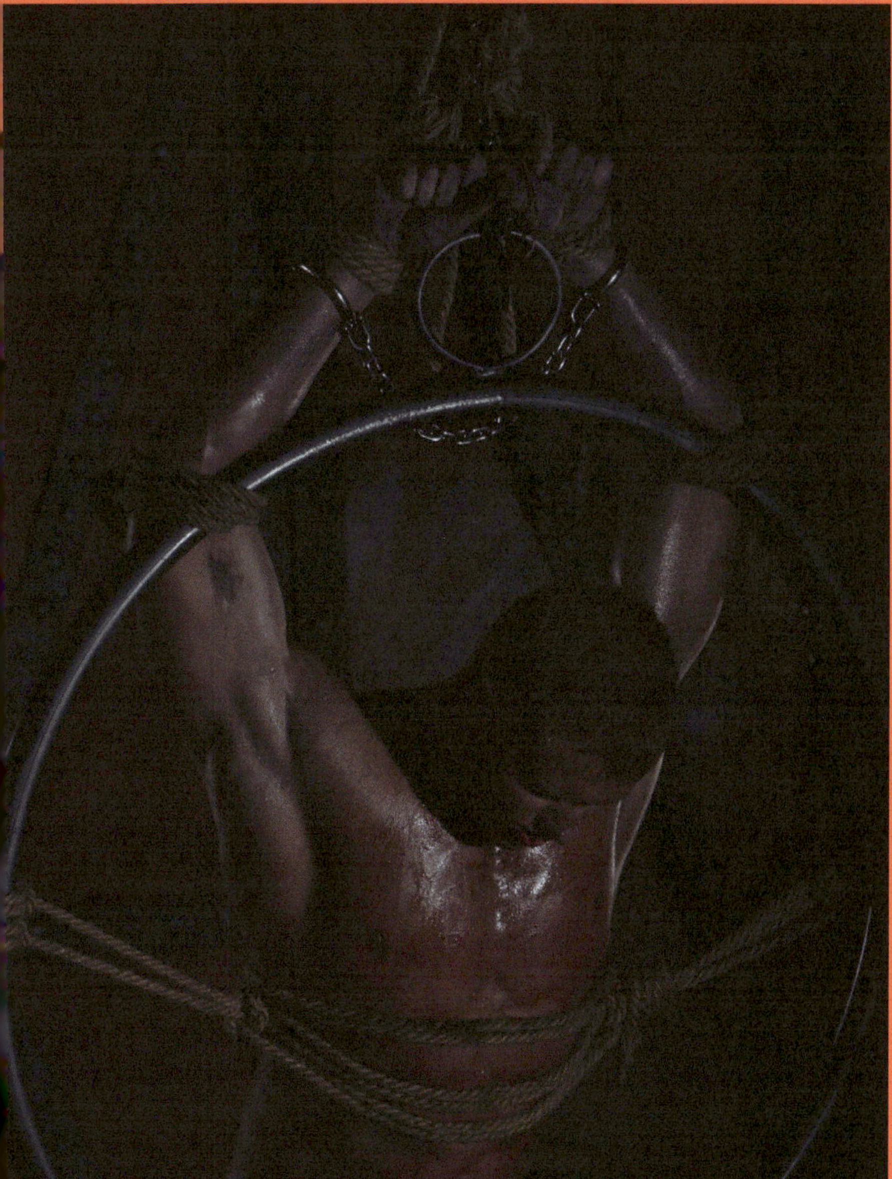

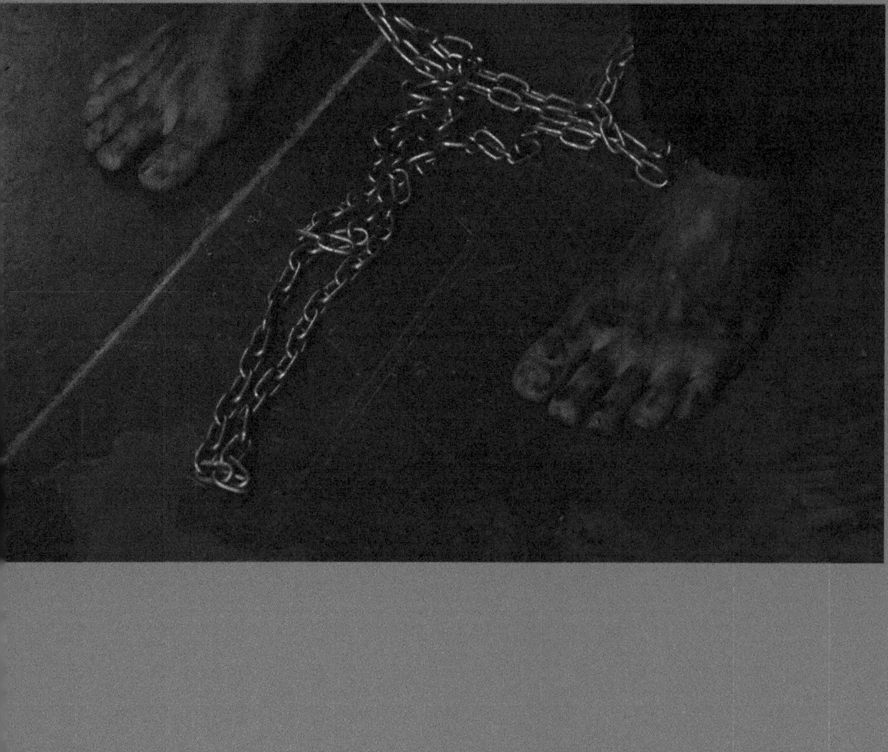

Veni Vidi Vici

Veni Vidi Vici

Veni Vidi Vici

Veni Vidi Vici

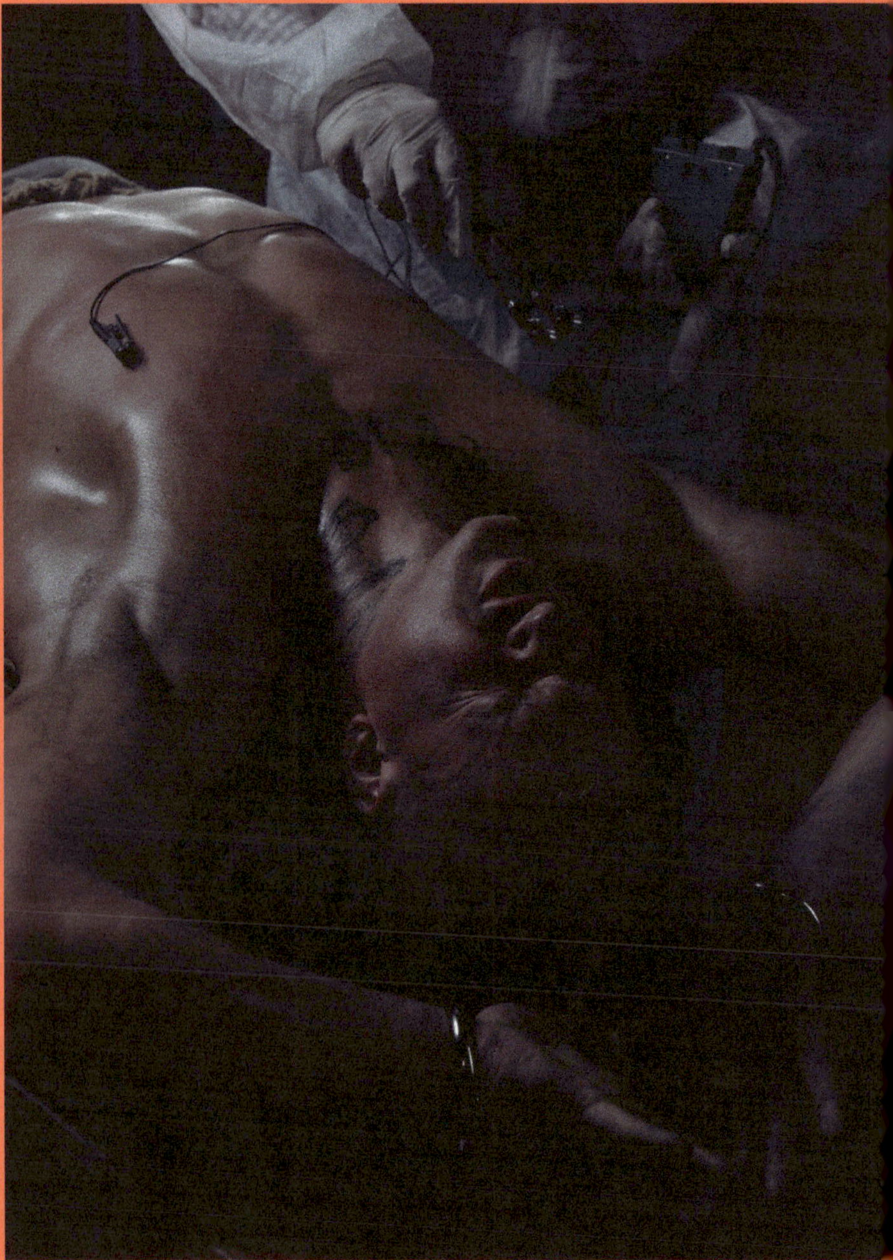

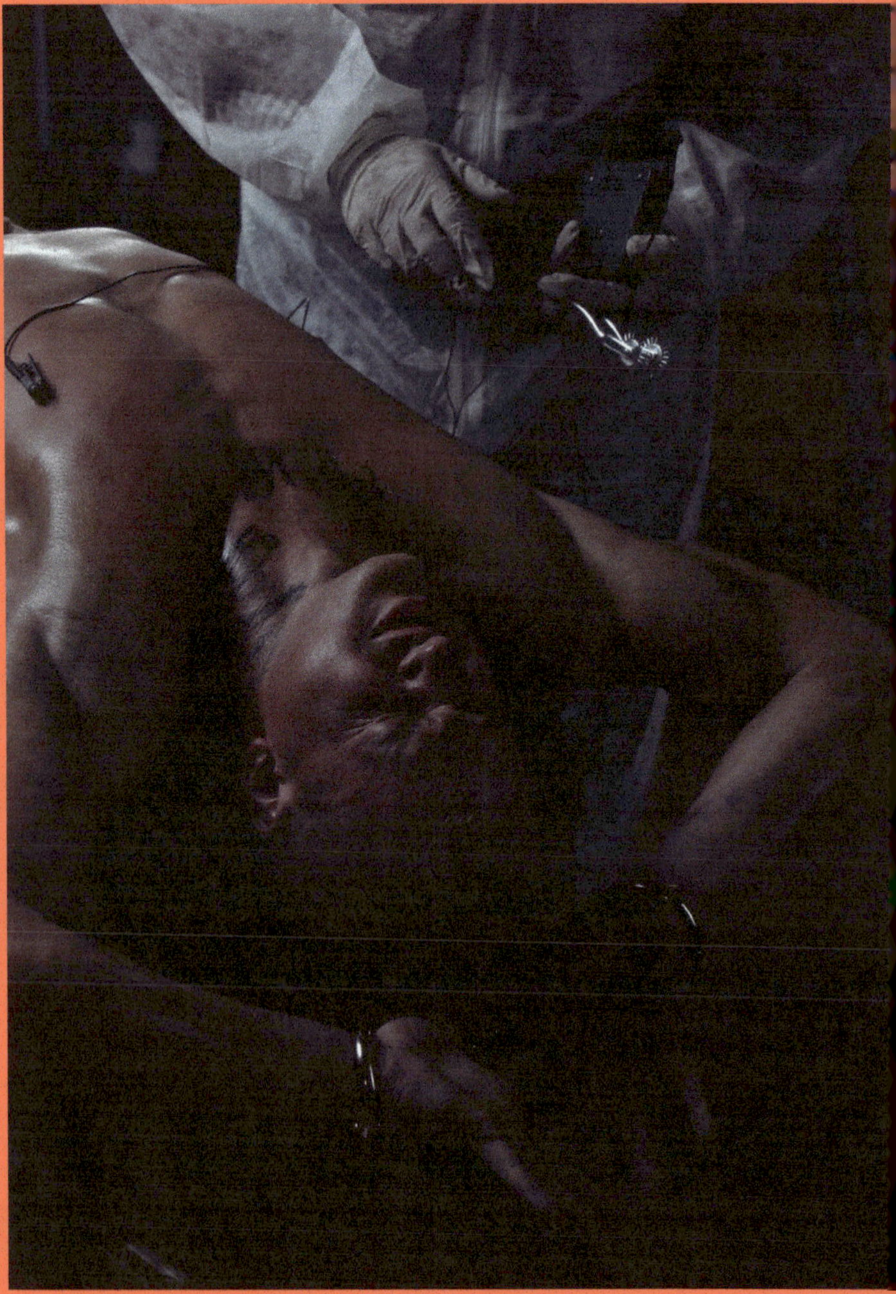

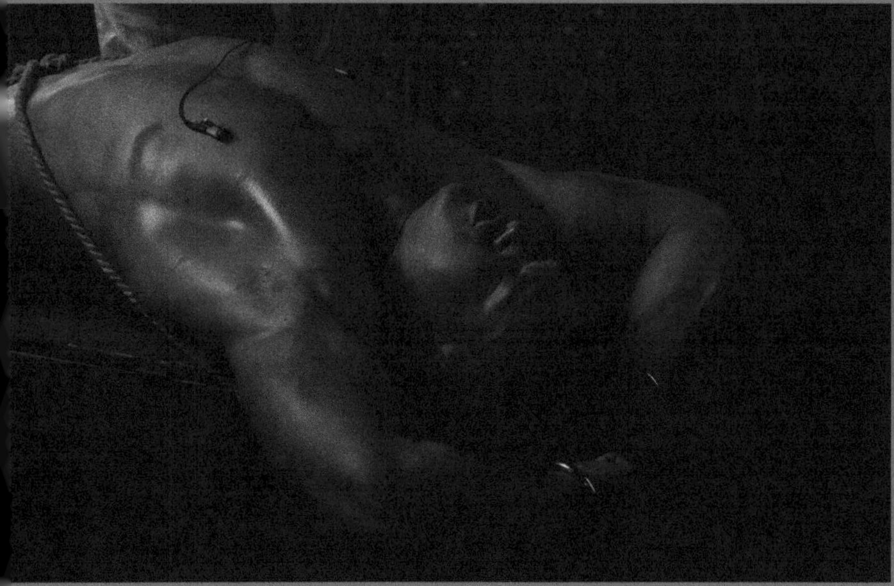

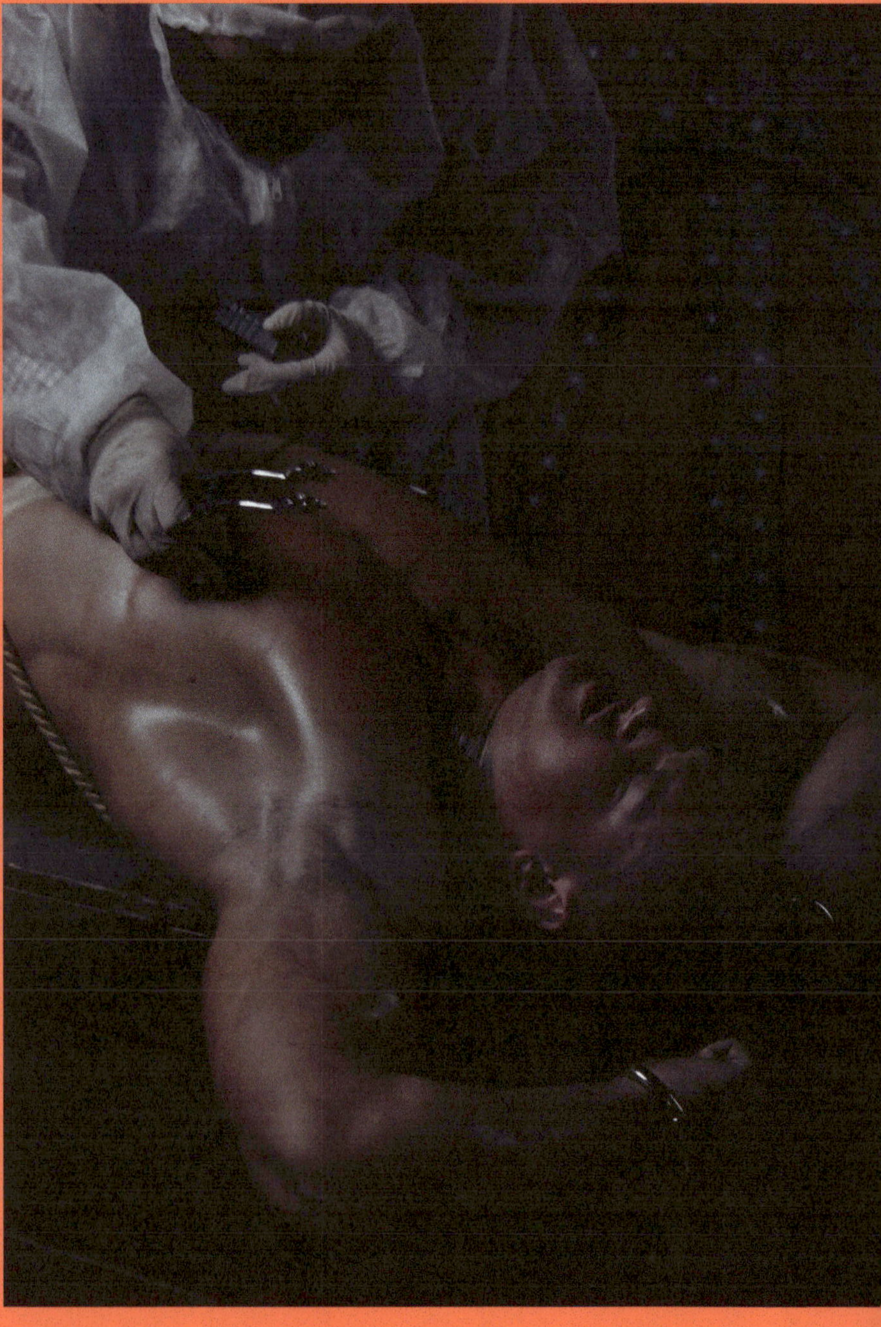

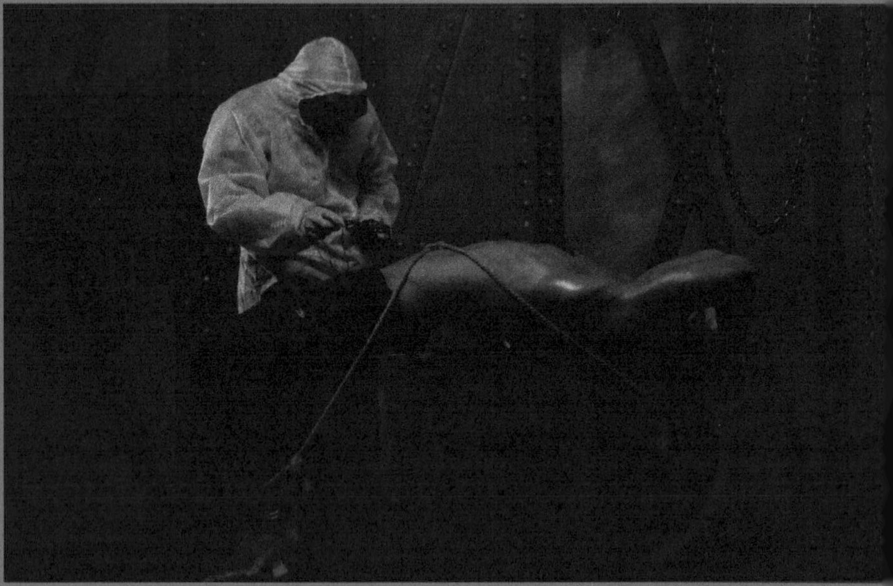

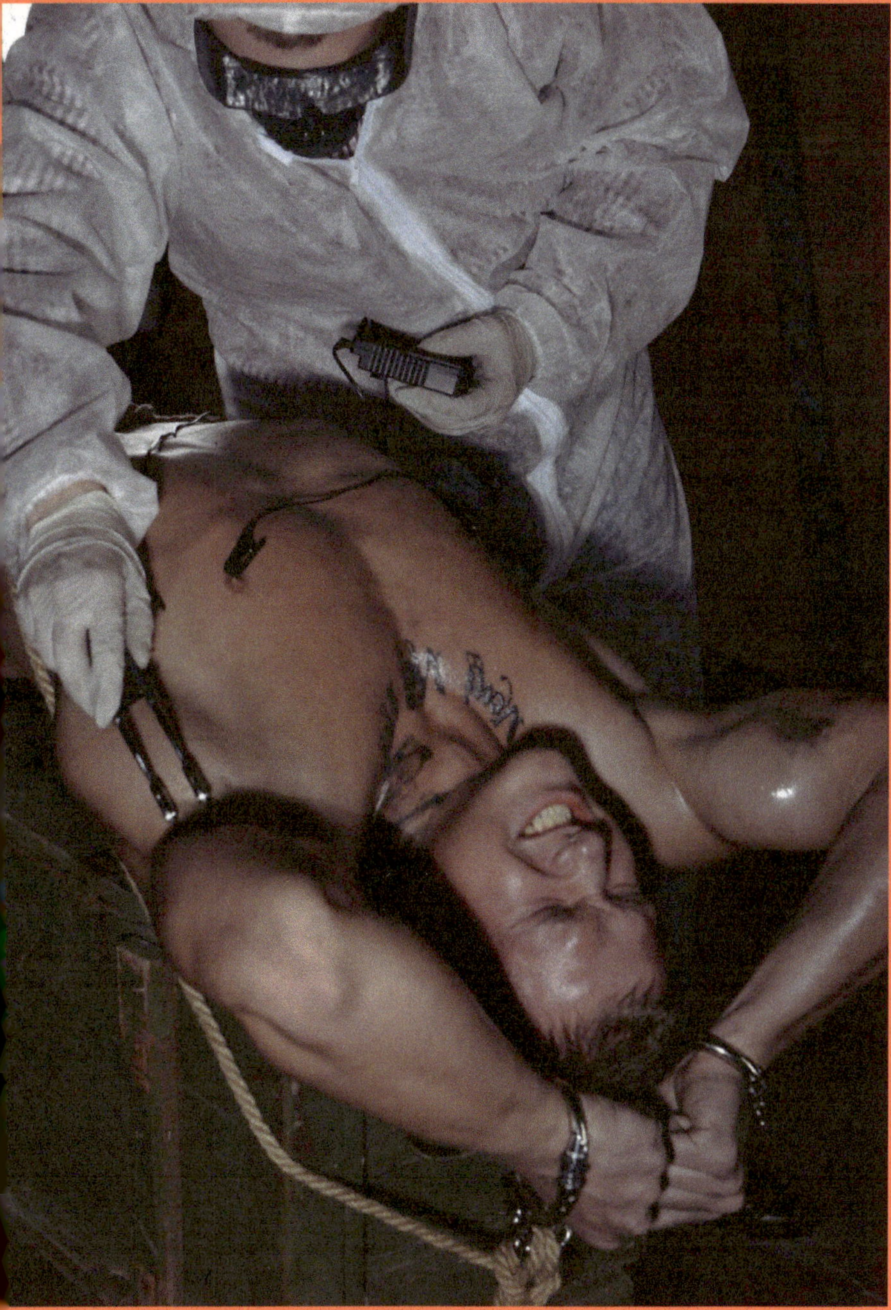

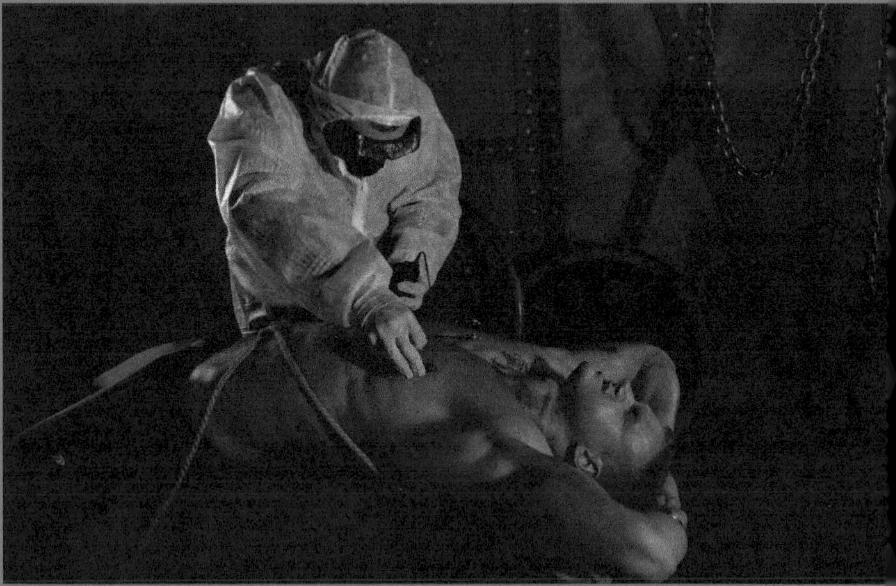

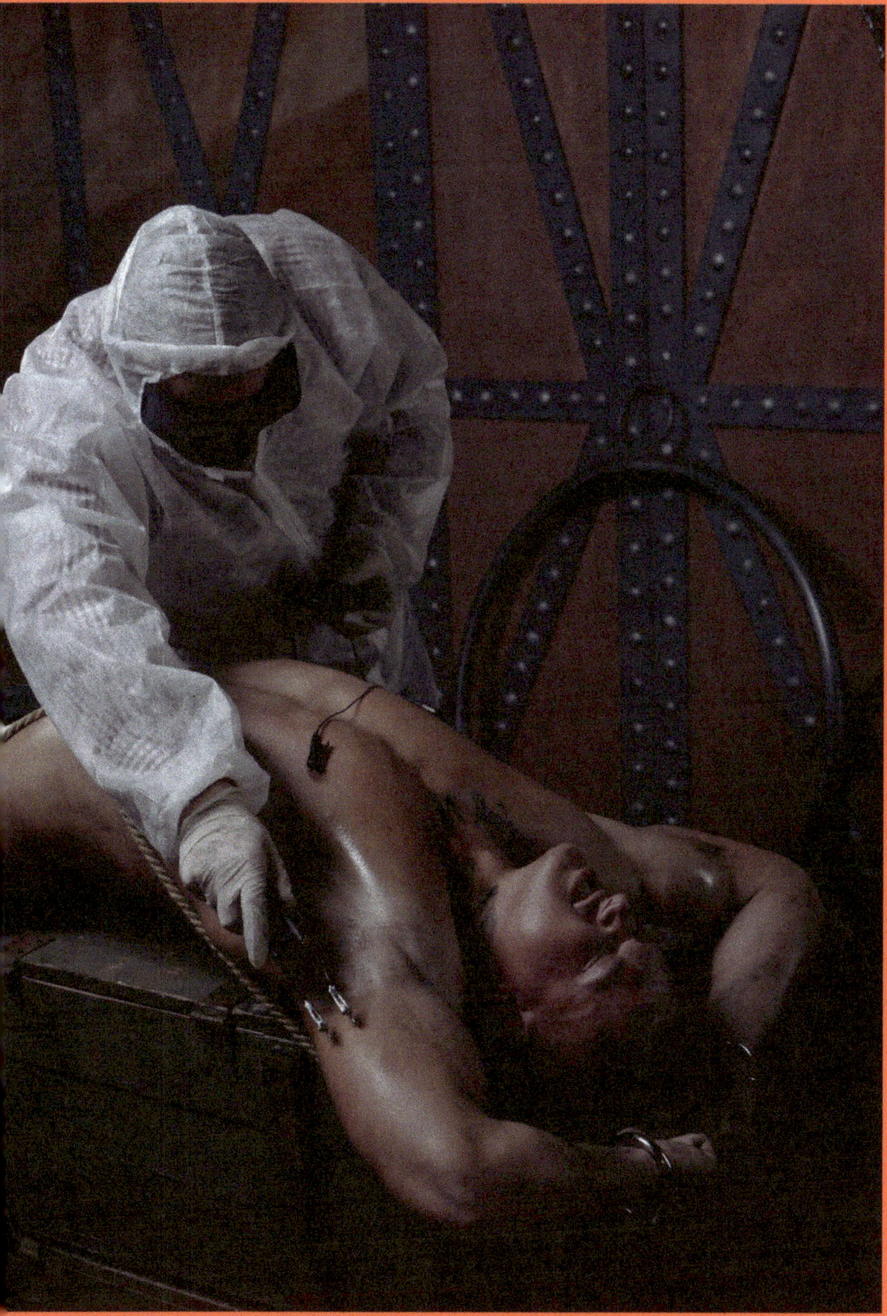

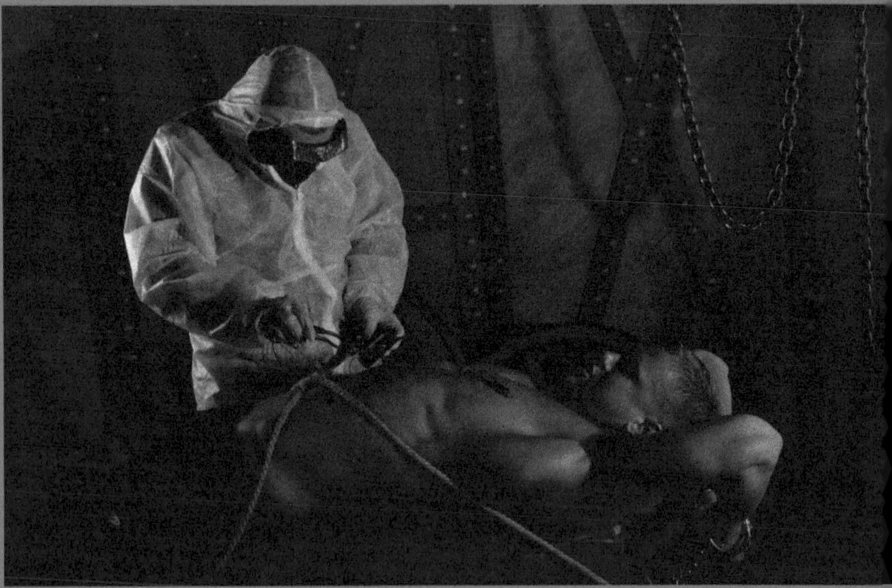

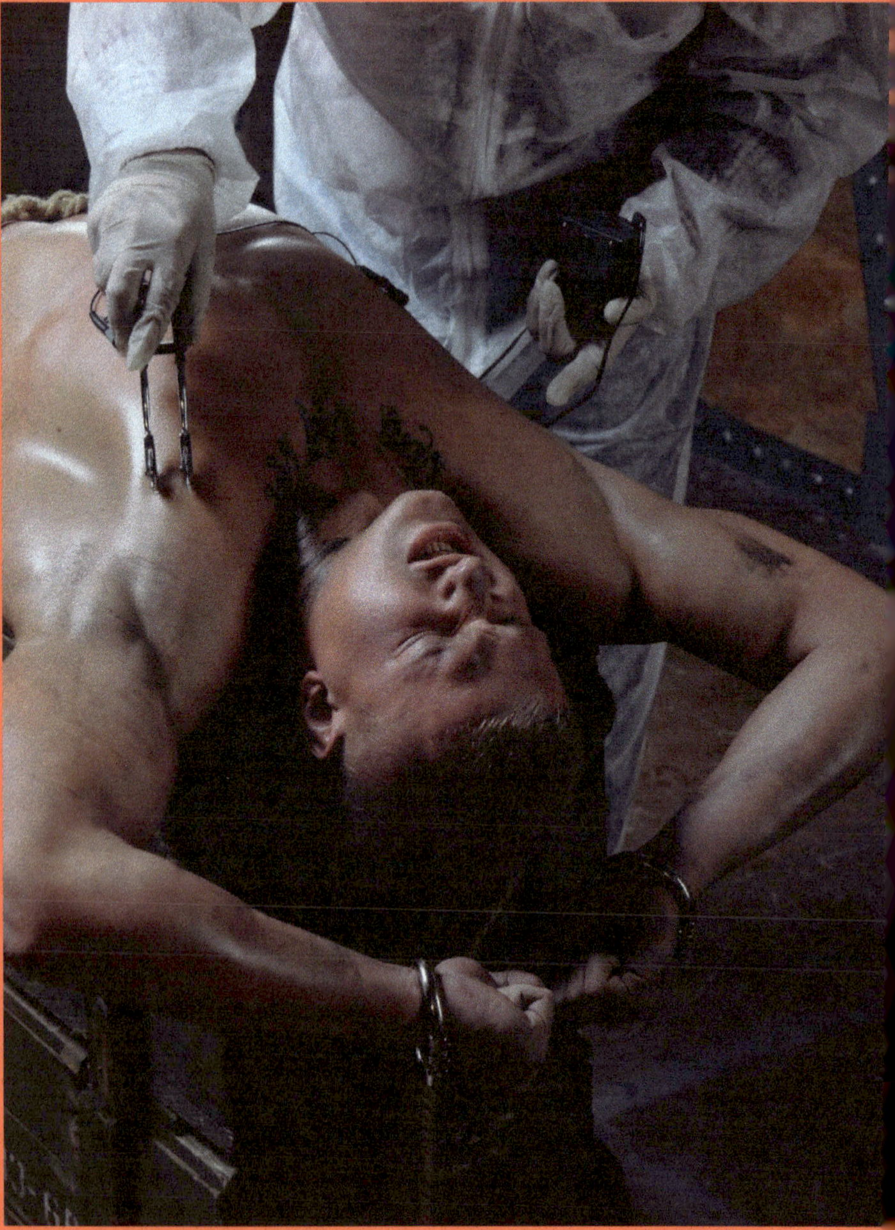

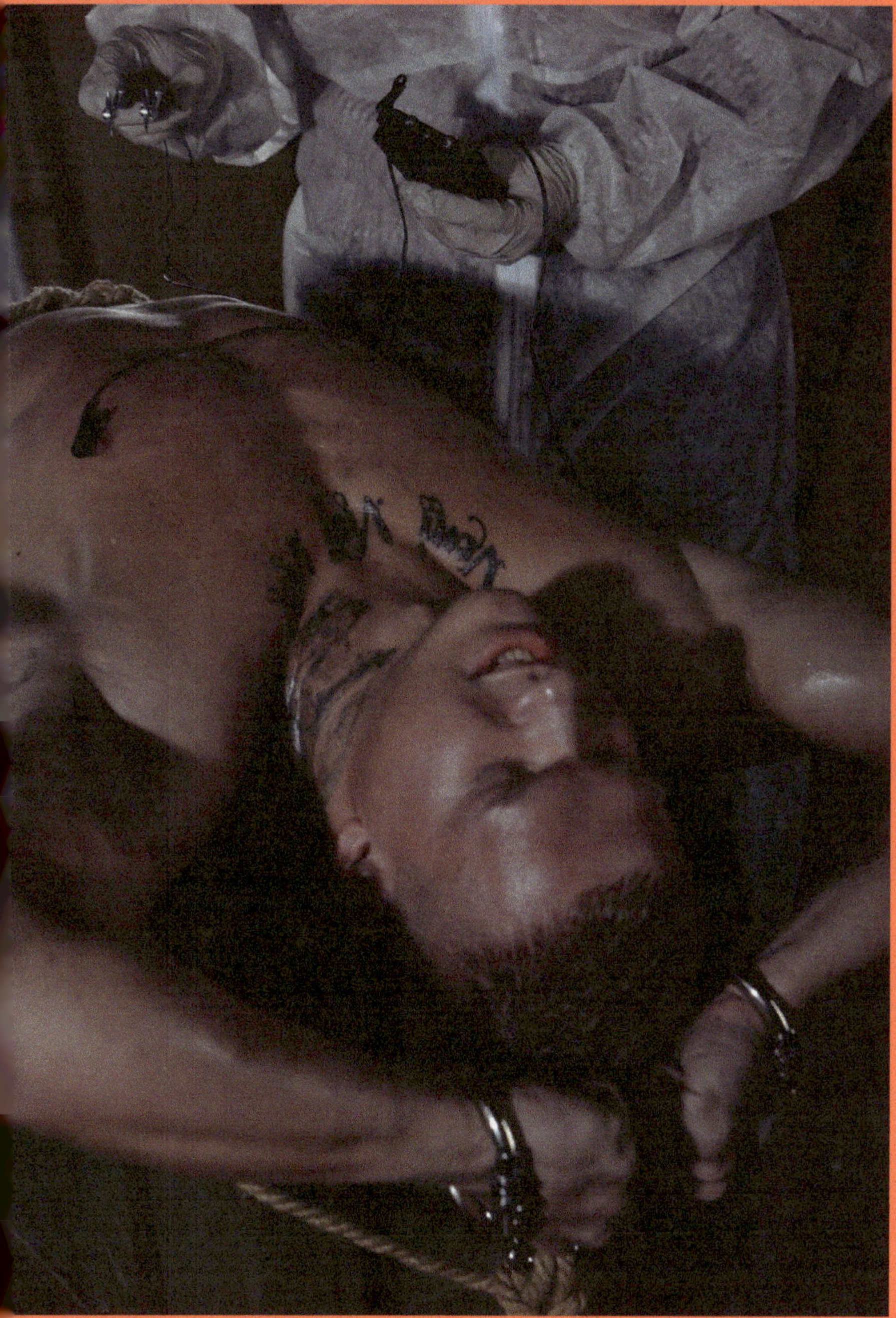

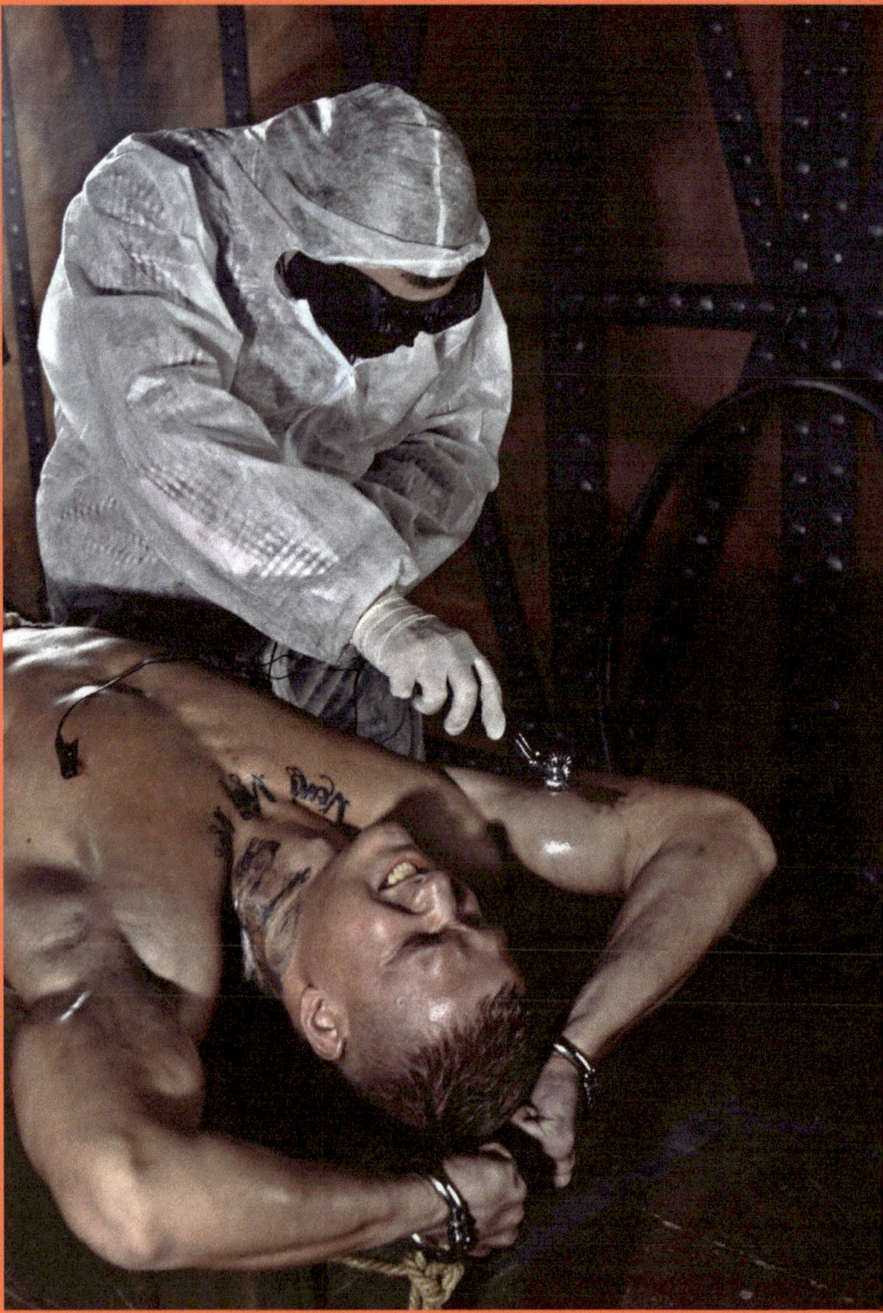

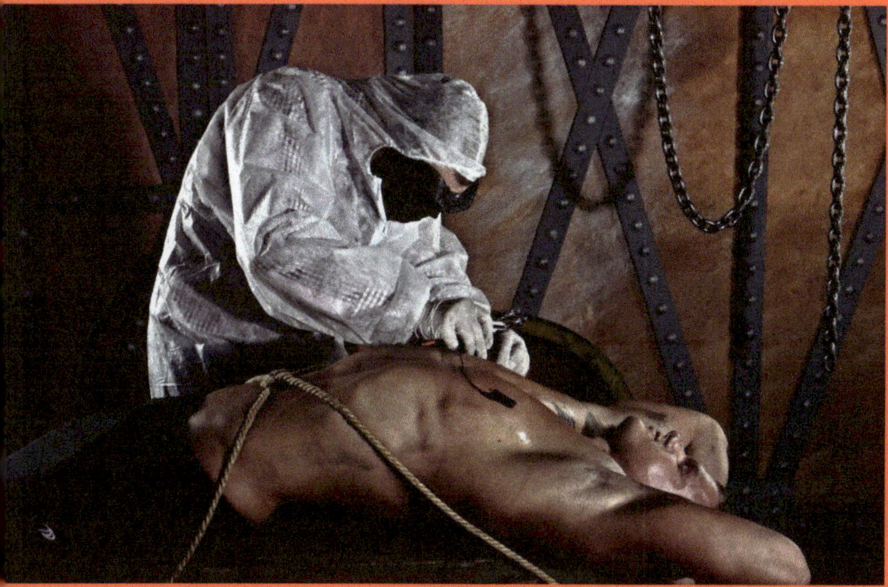

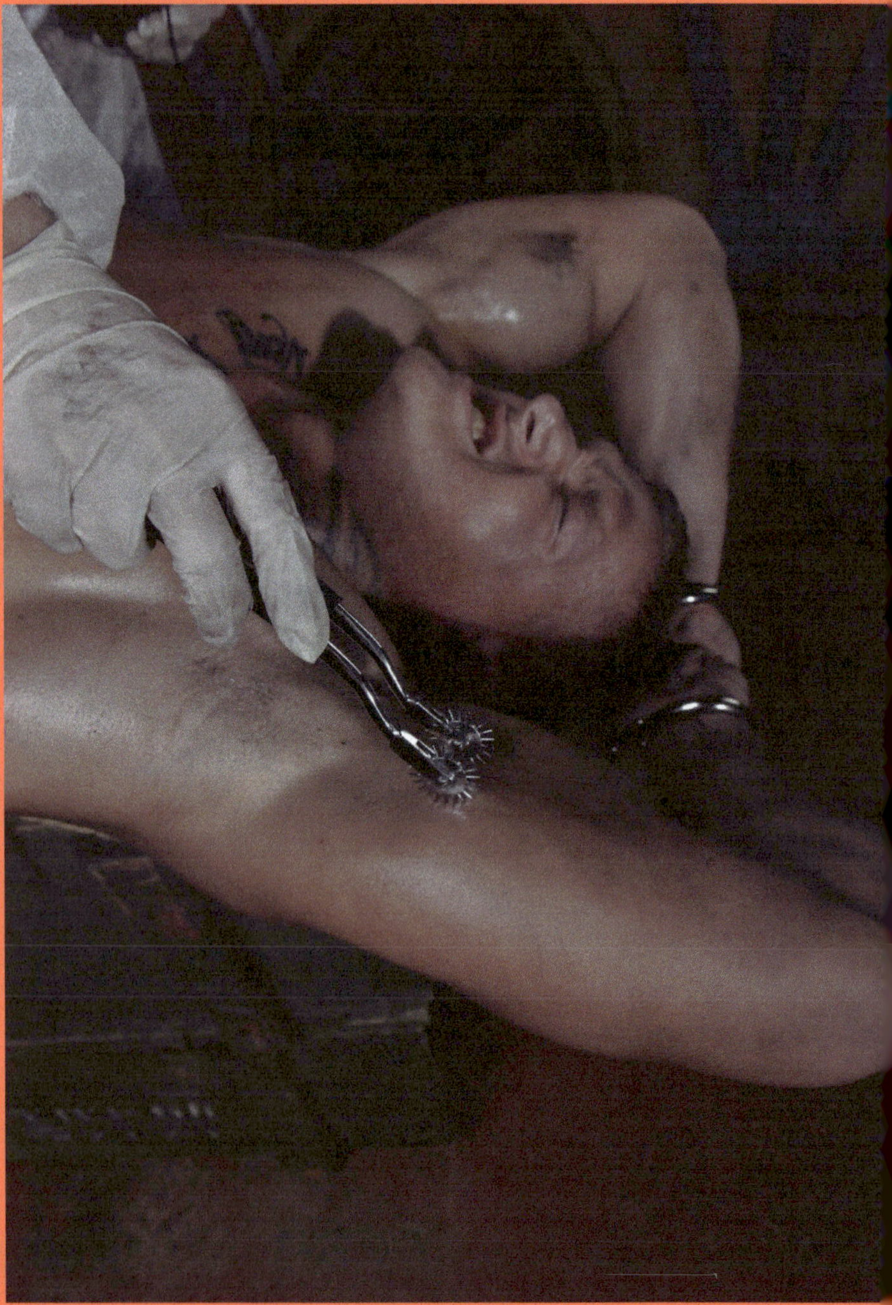

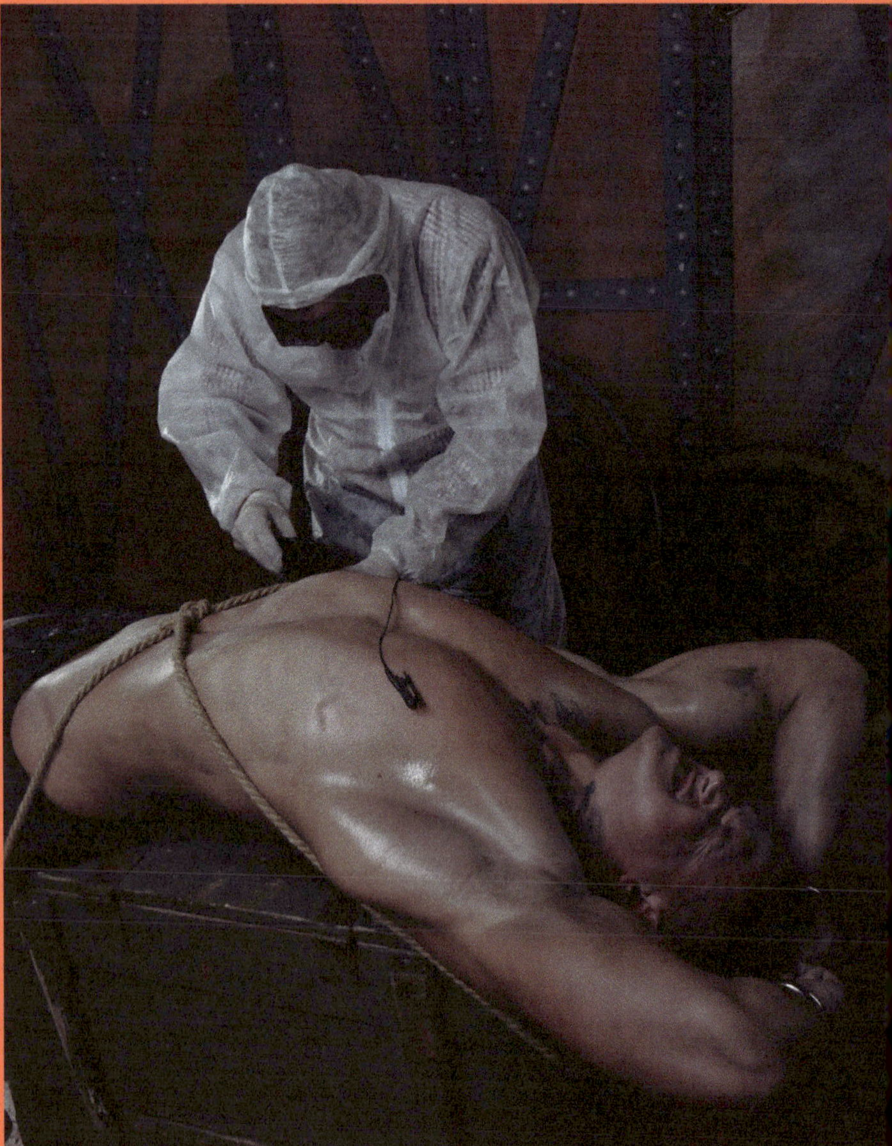

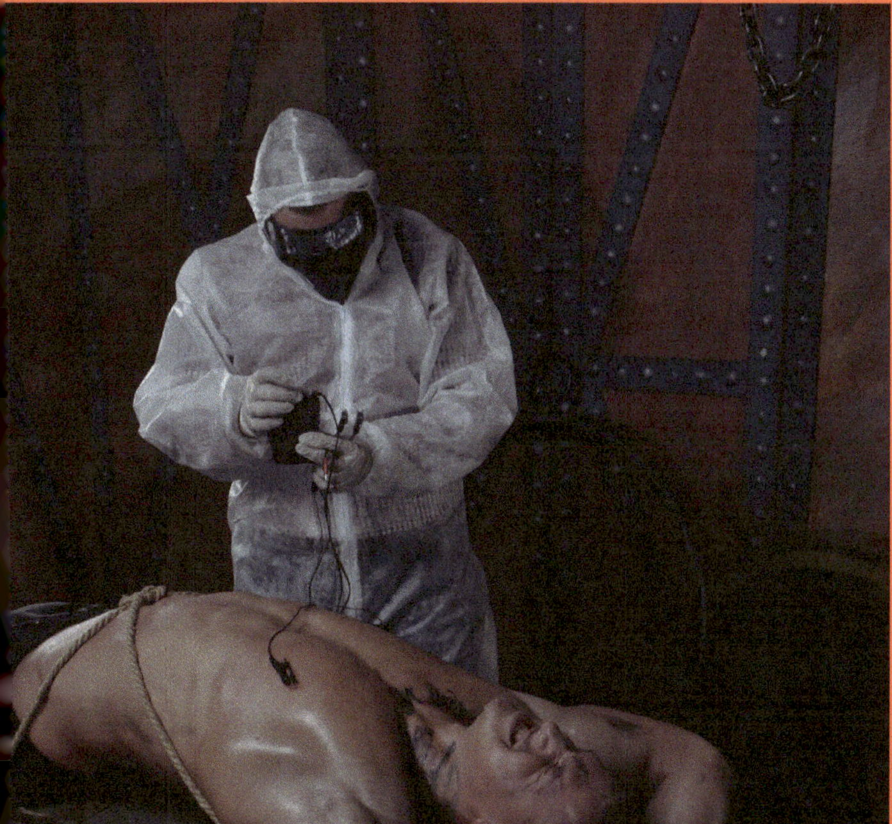

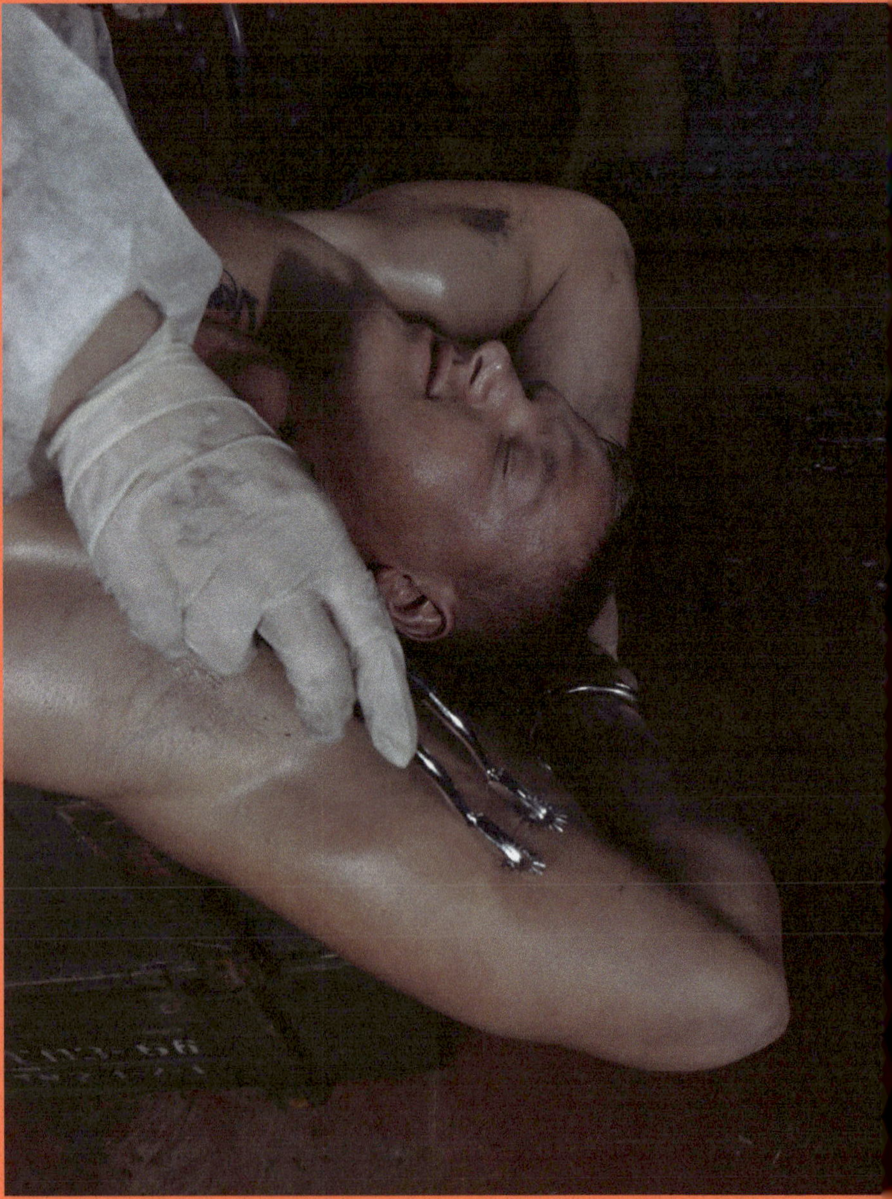

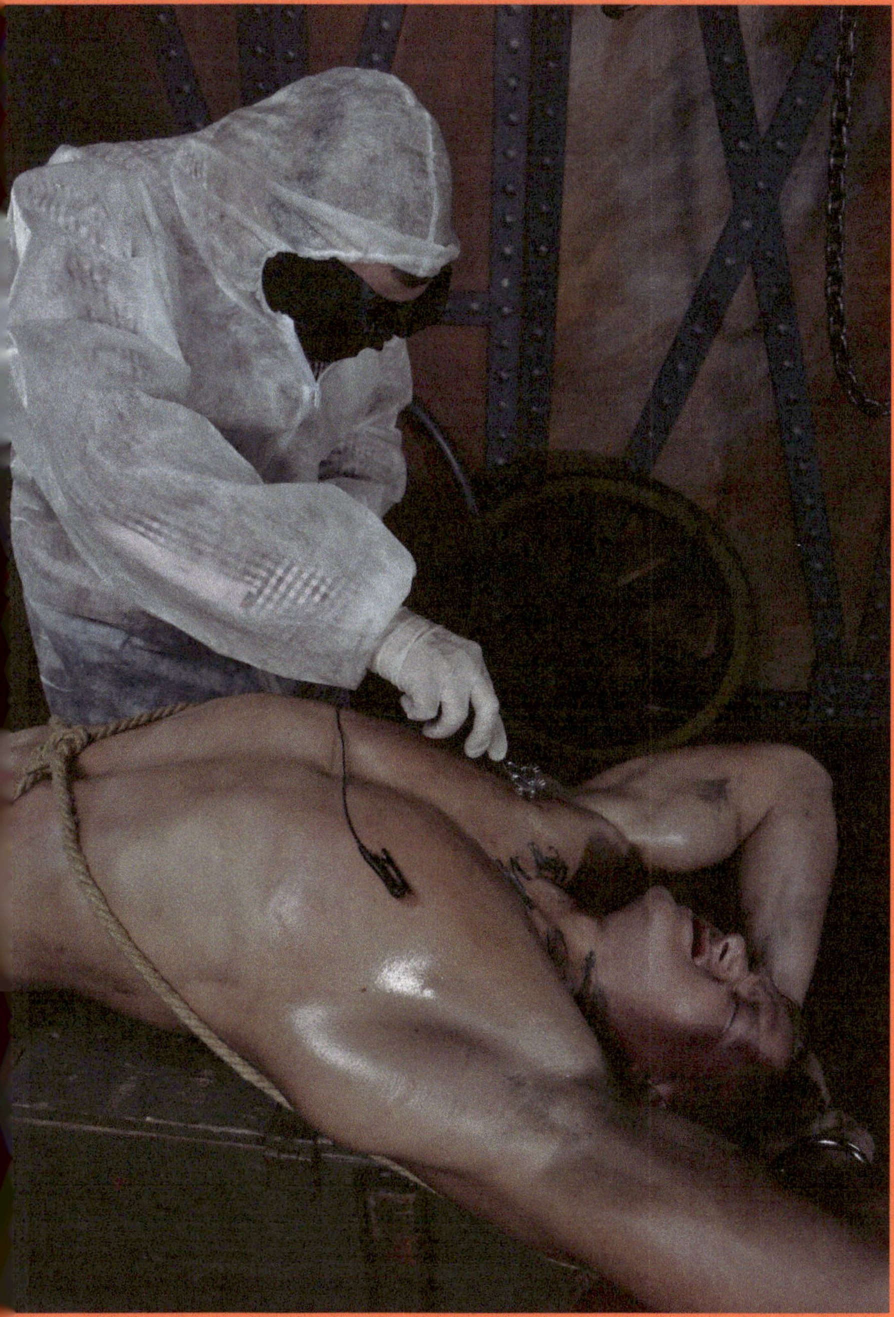

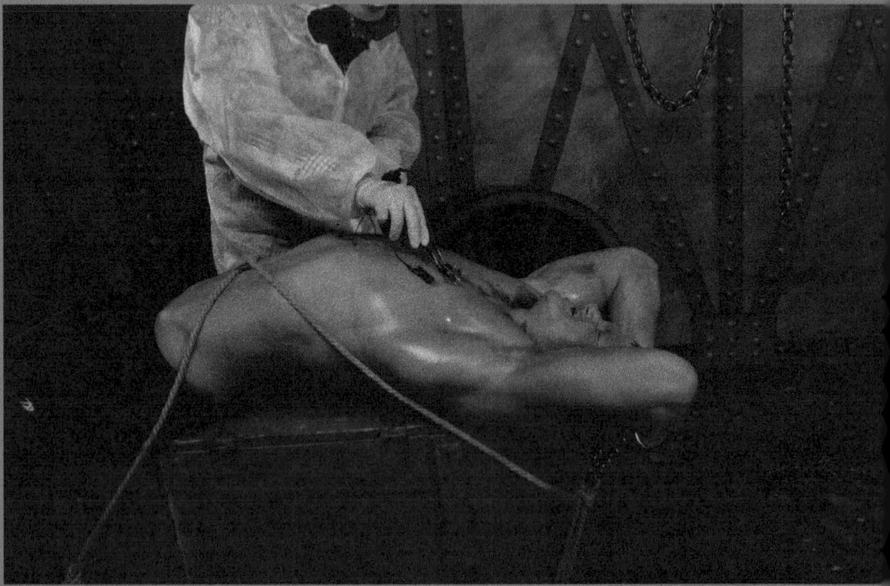

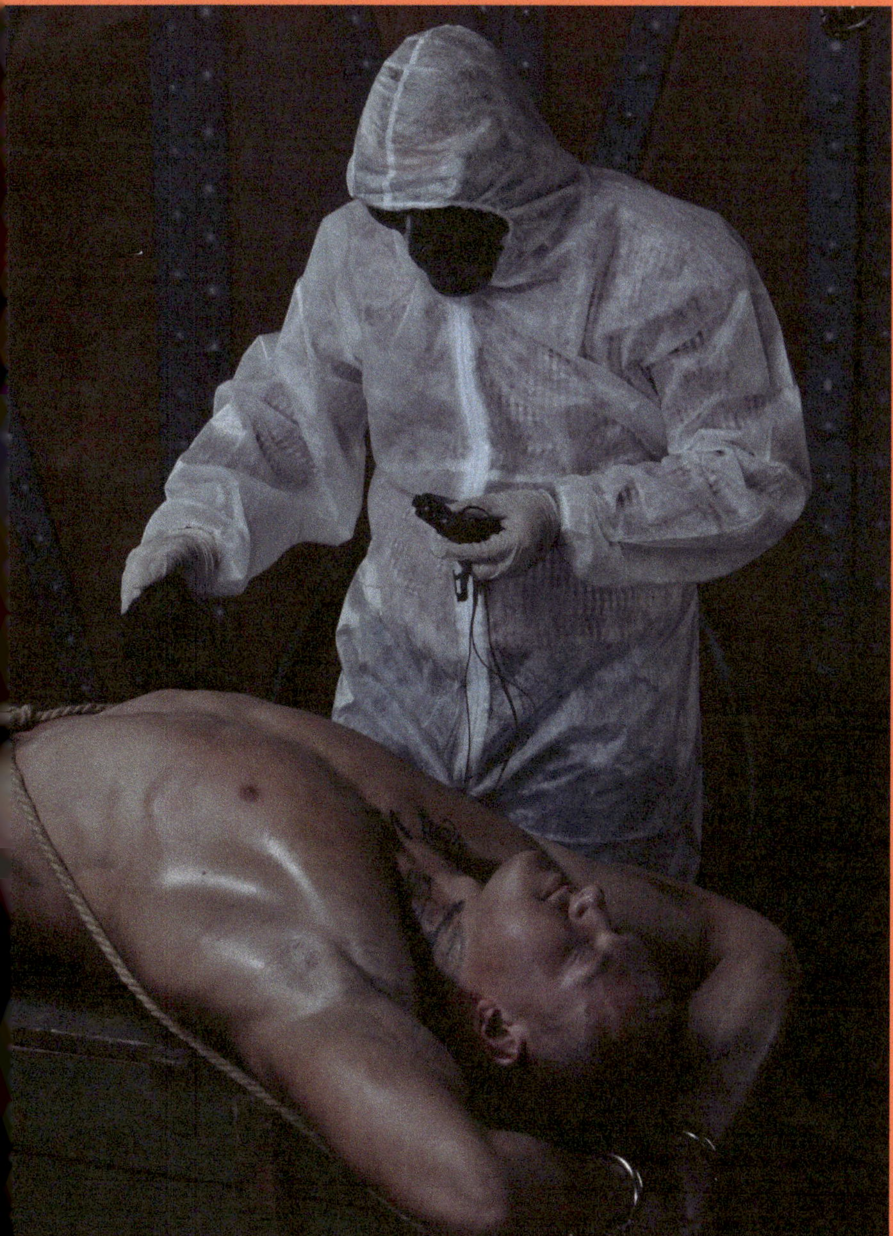

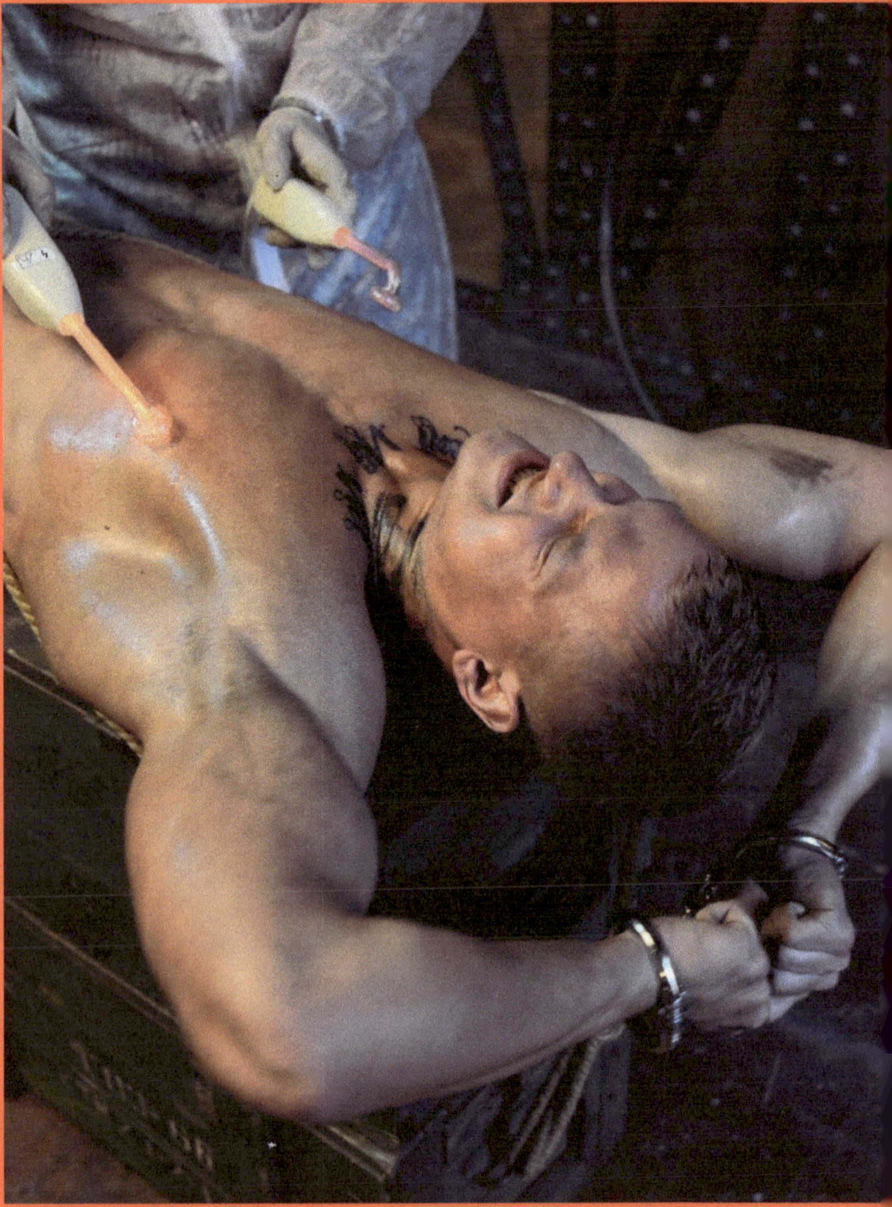

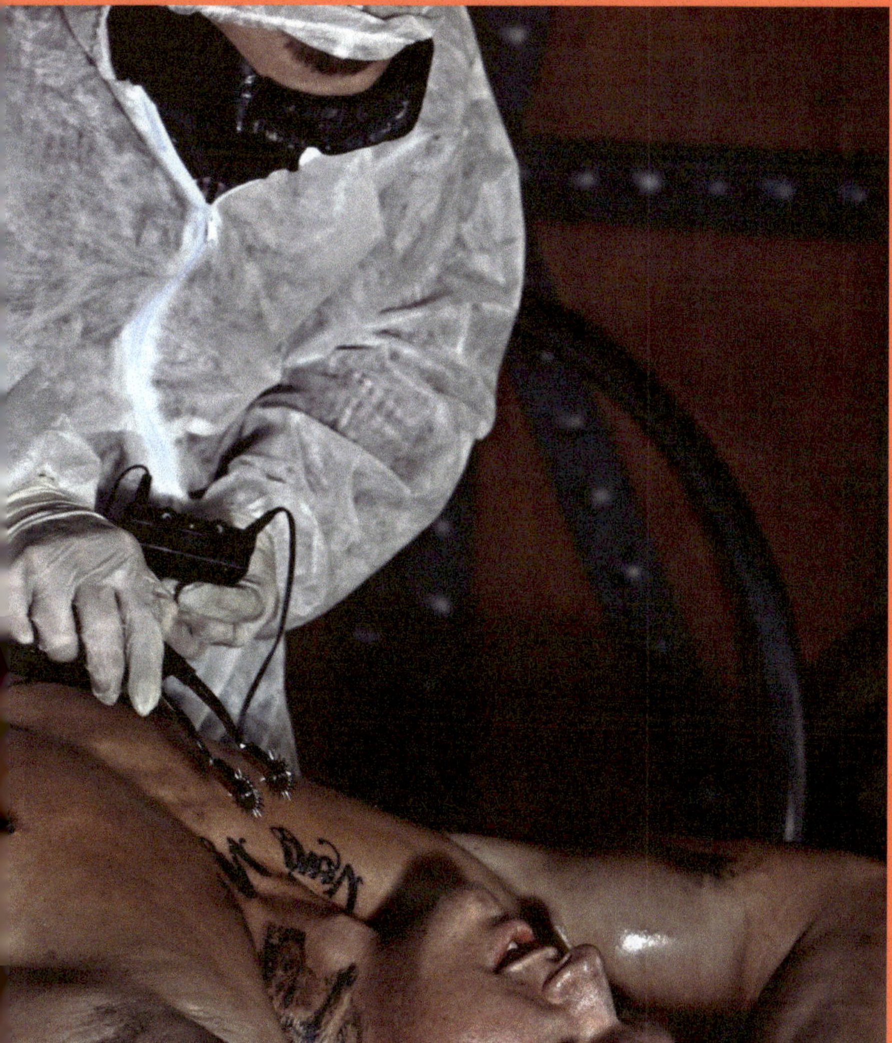

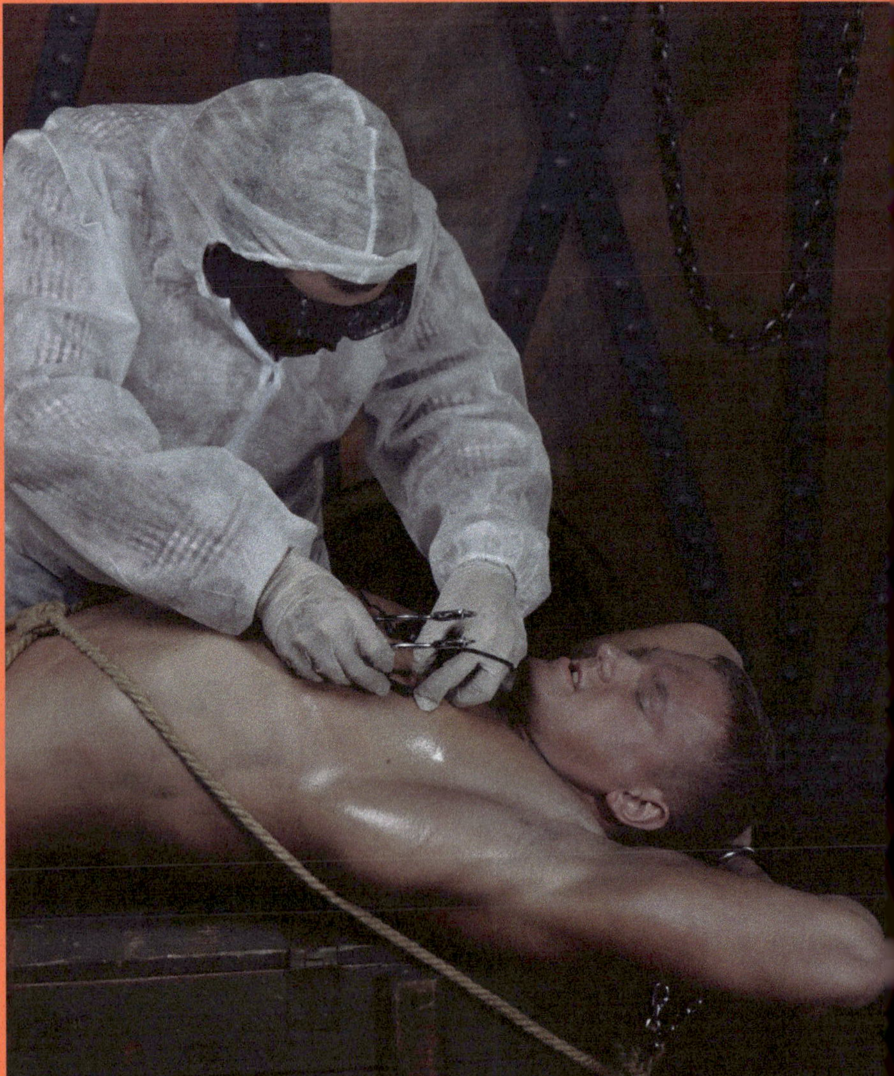

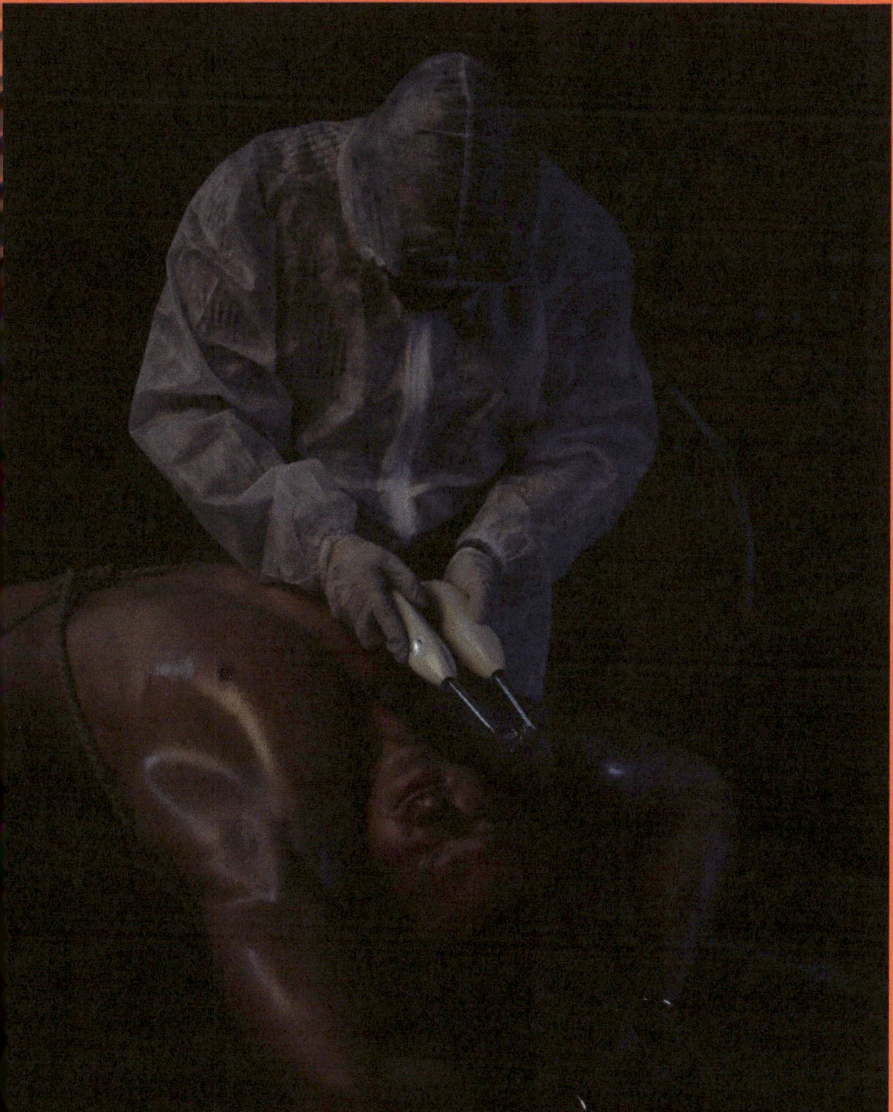

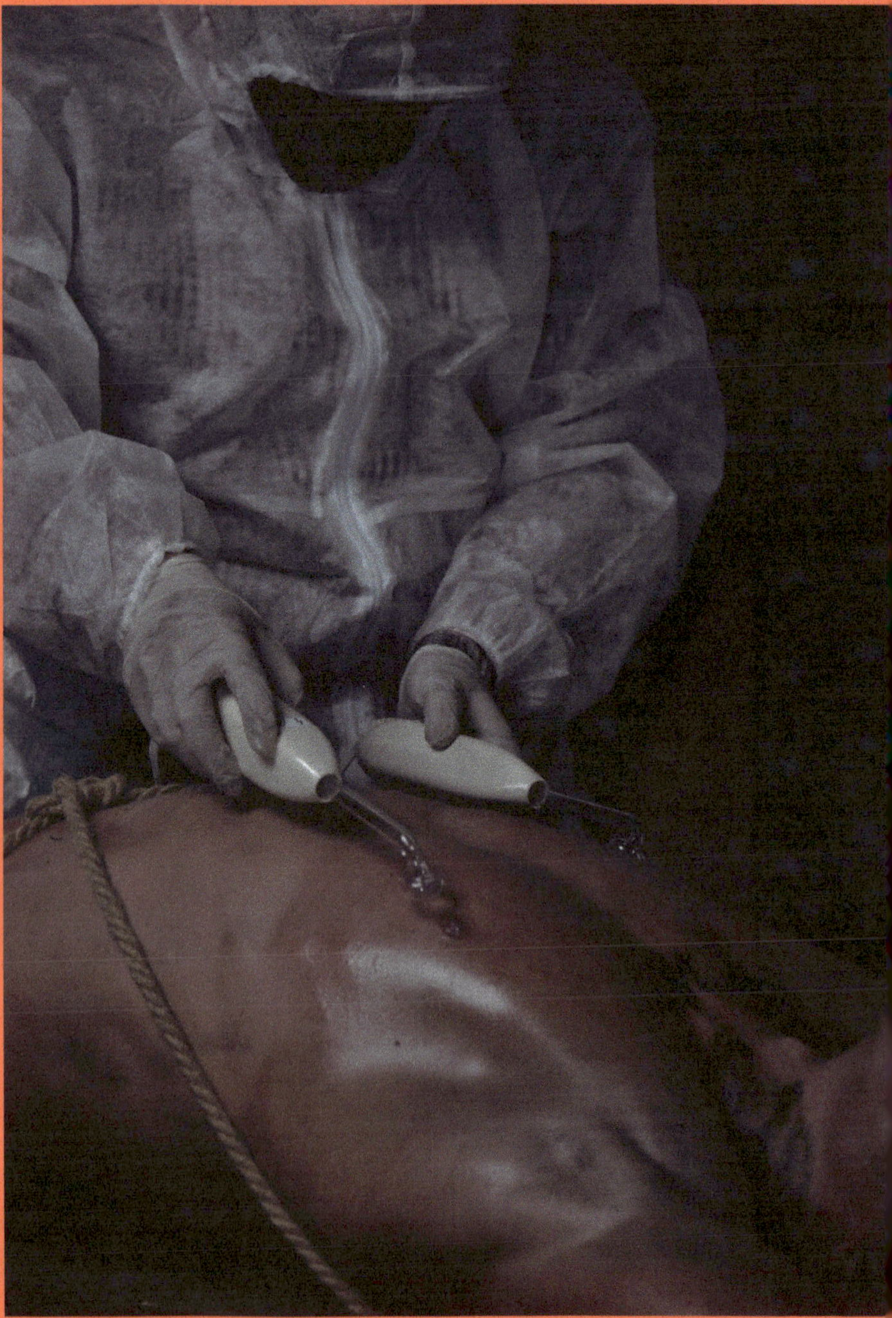

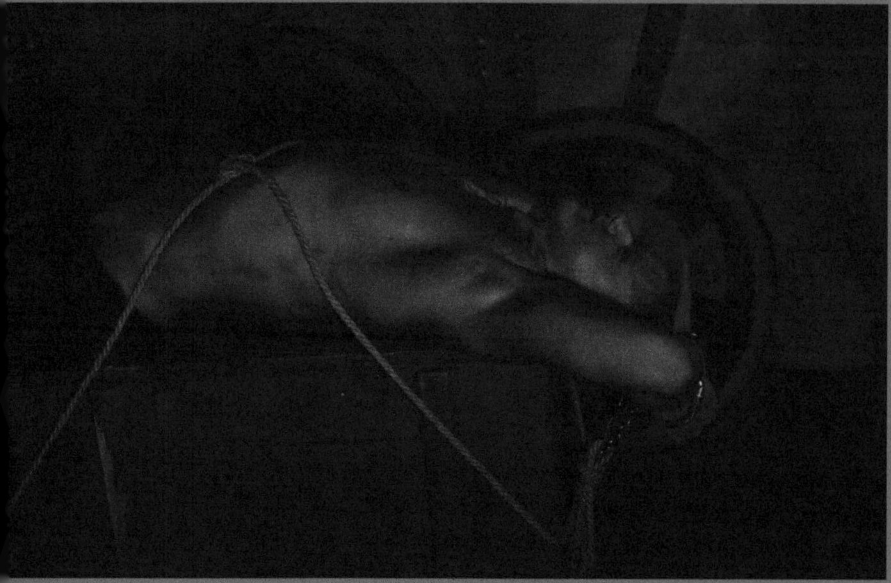

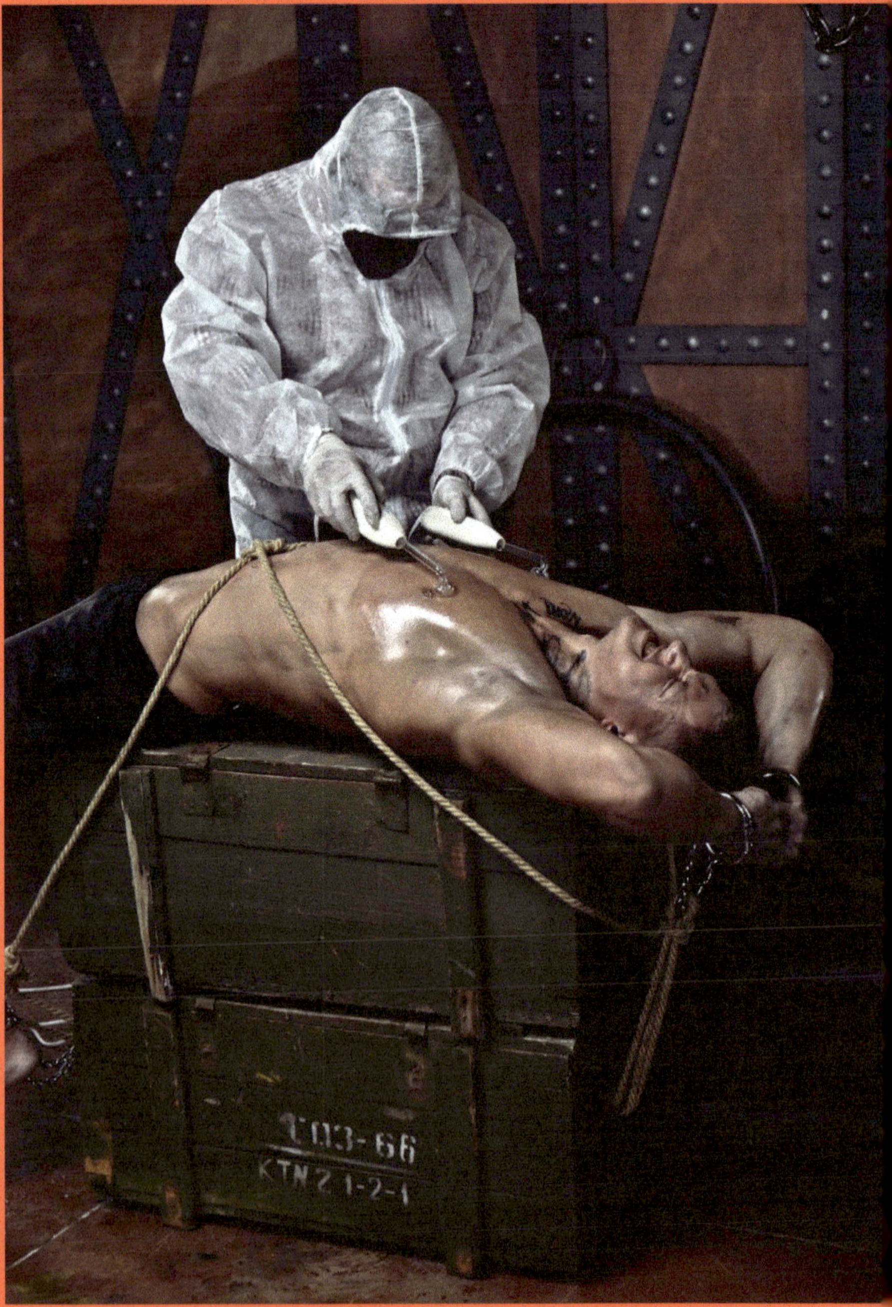
KTN 21-2-1

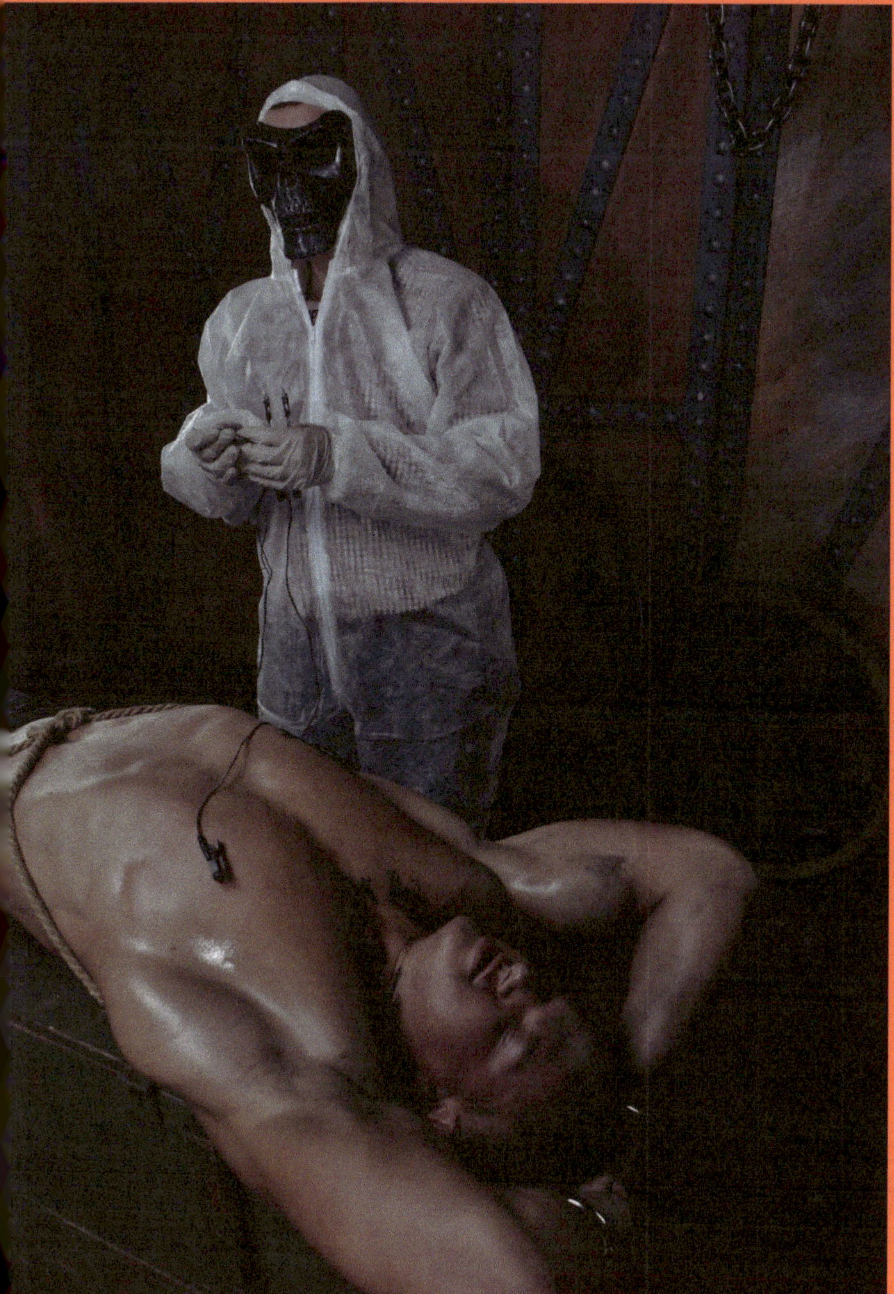

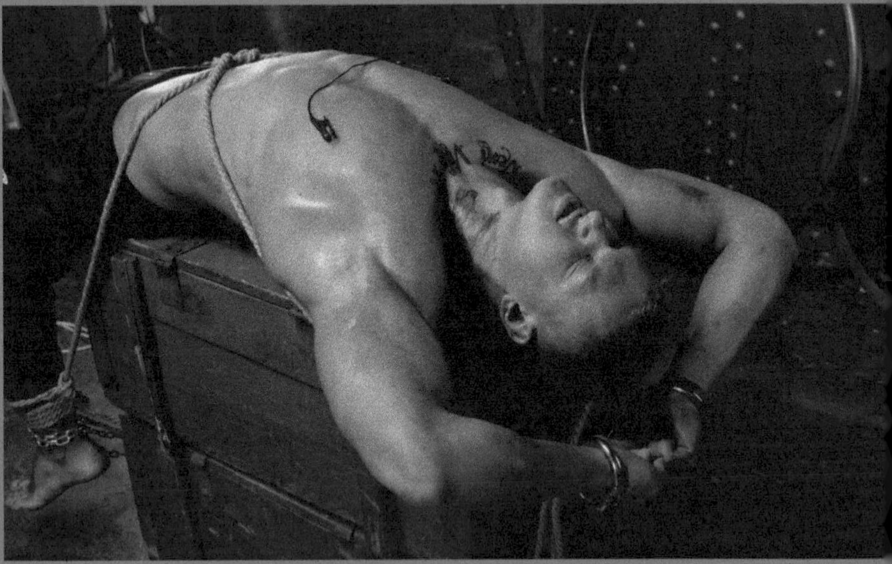

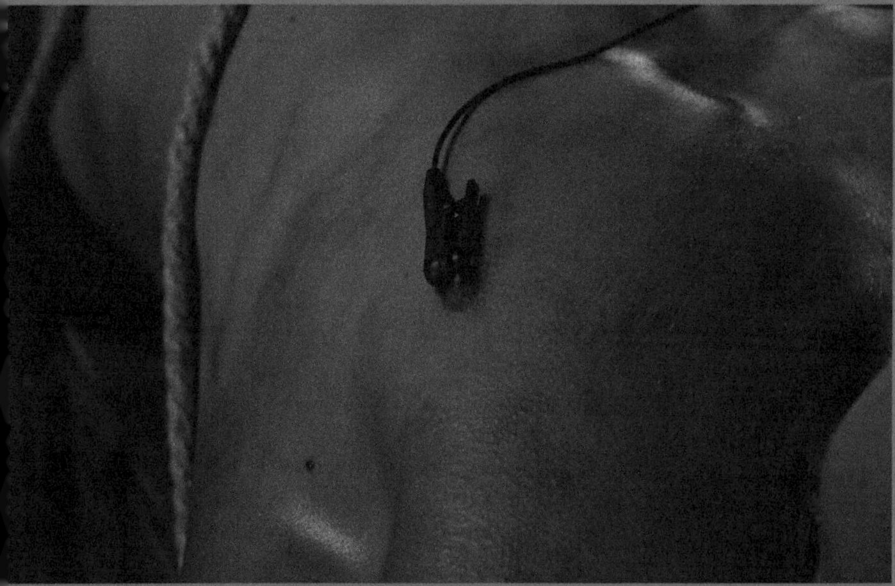

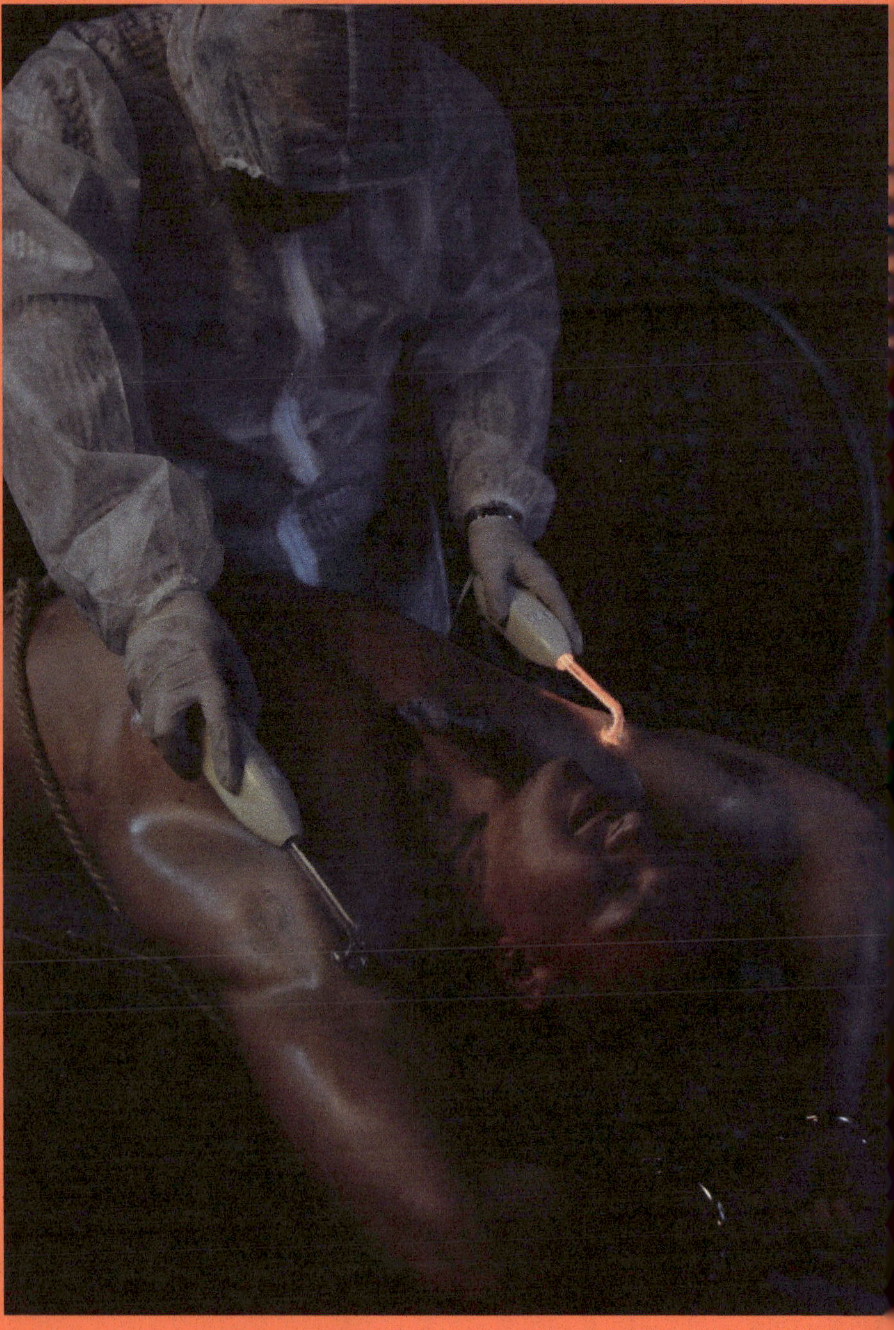

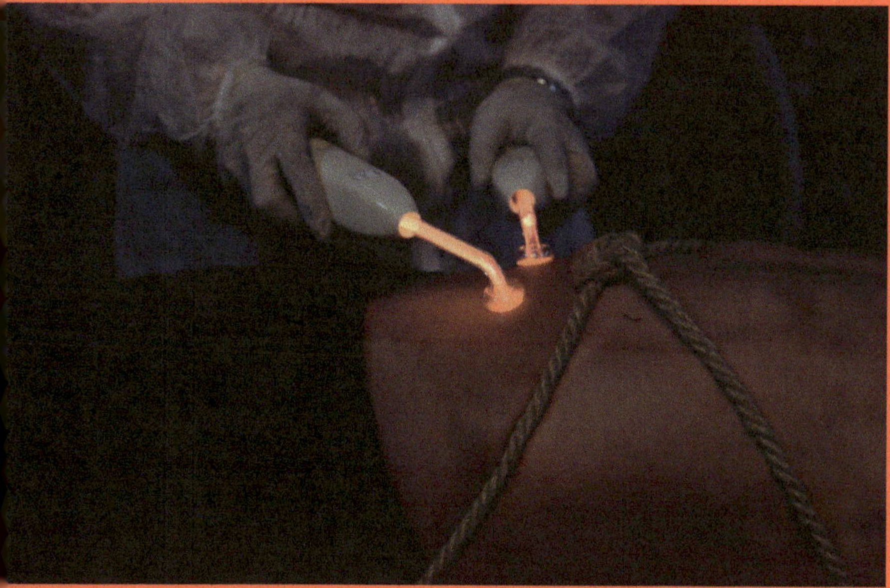

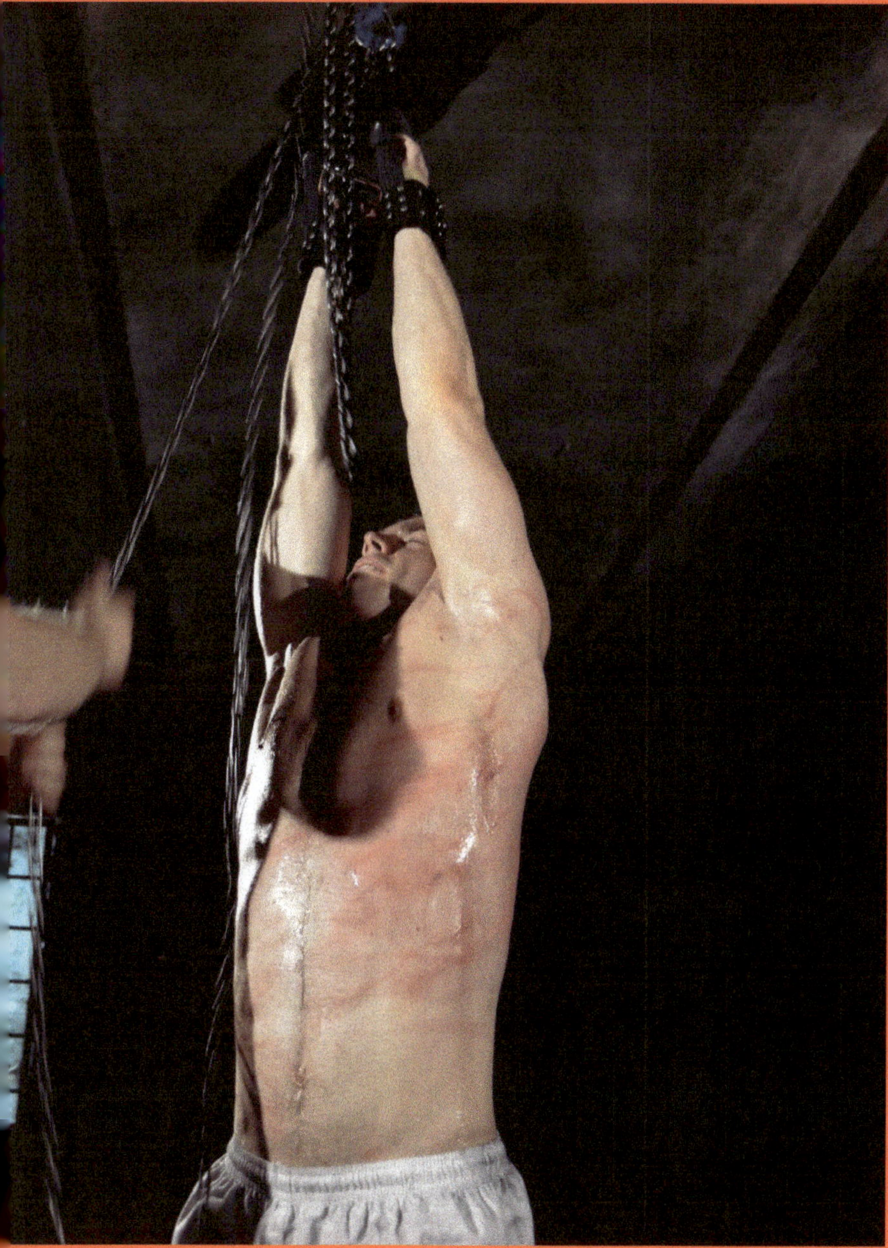

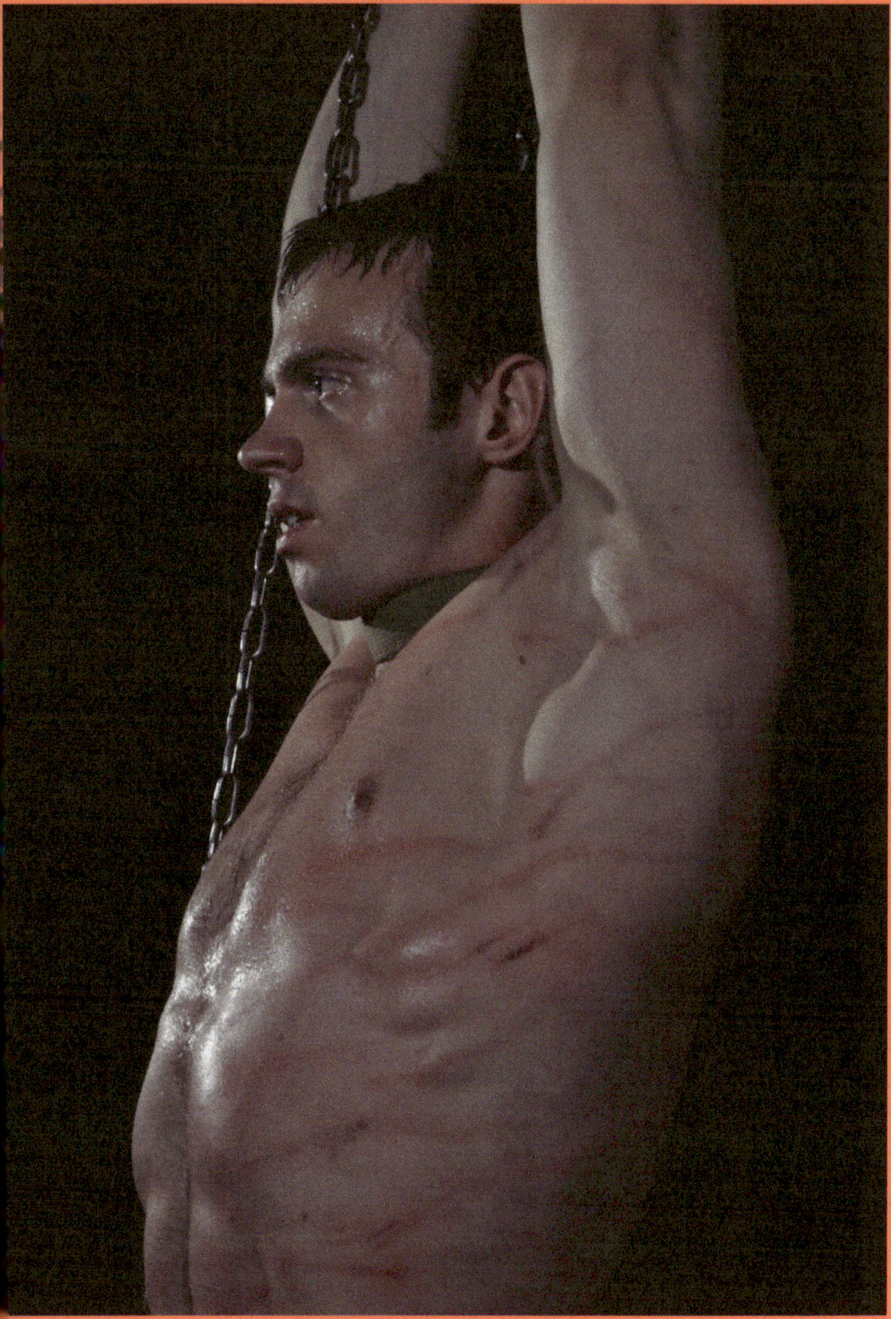

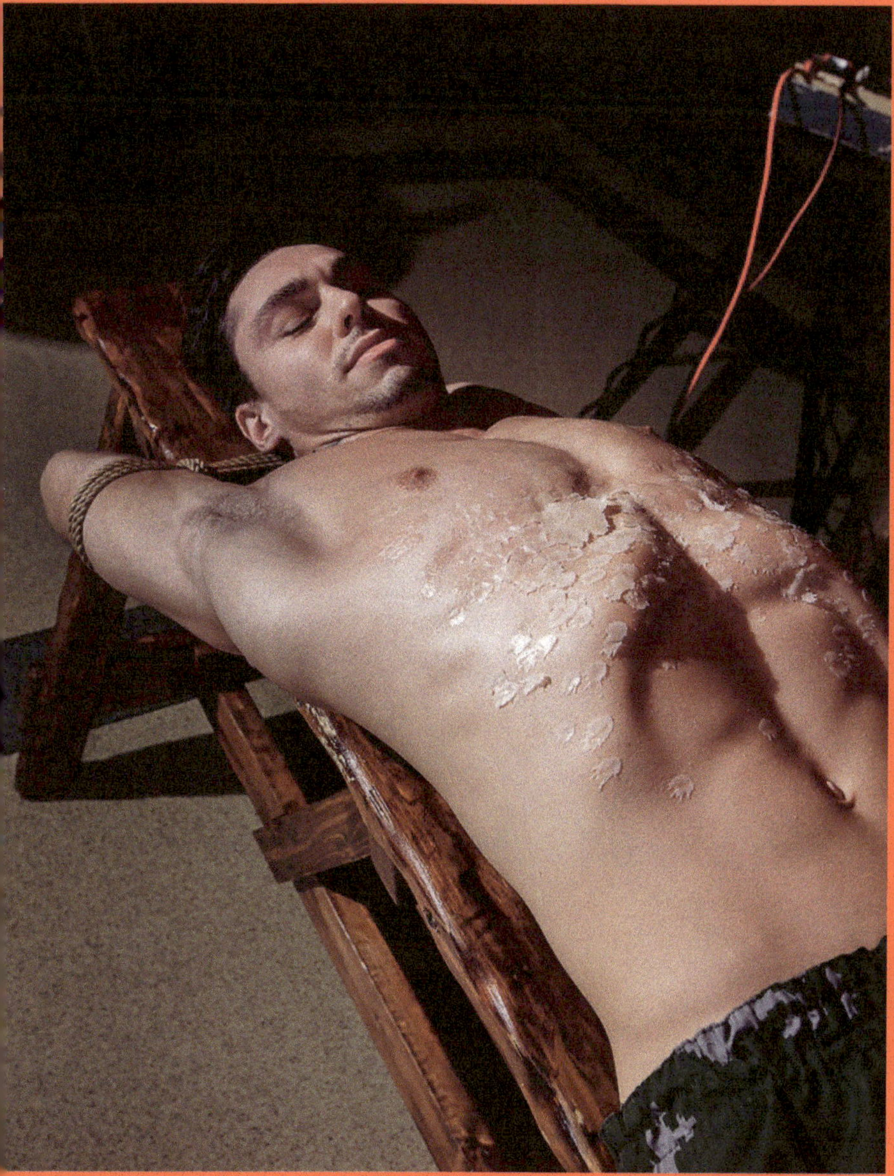

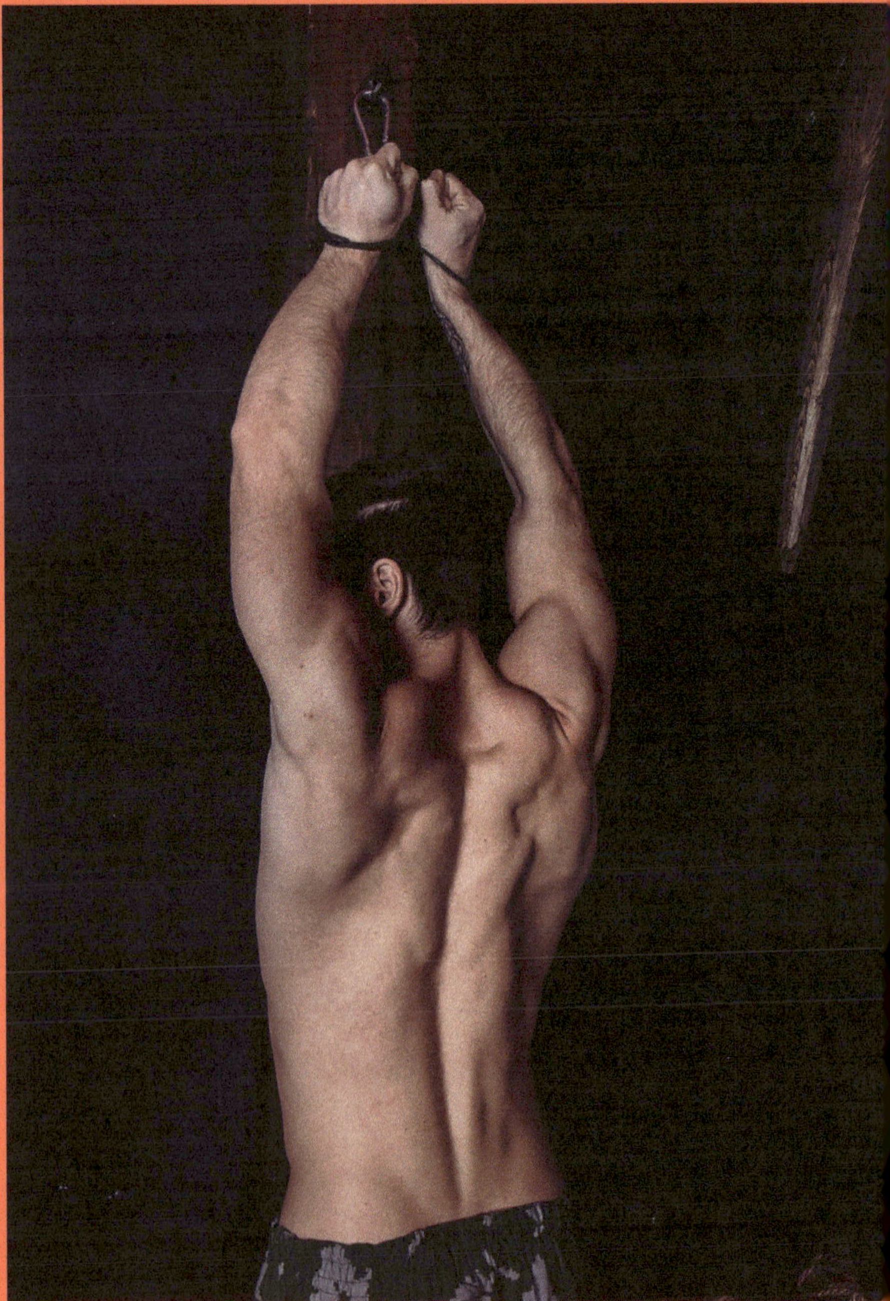

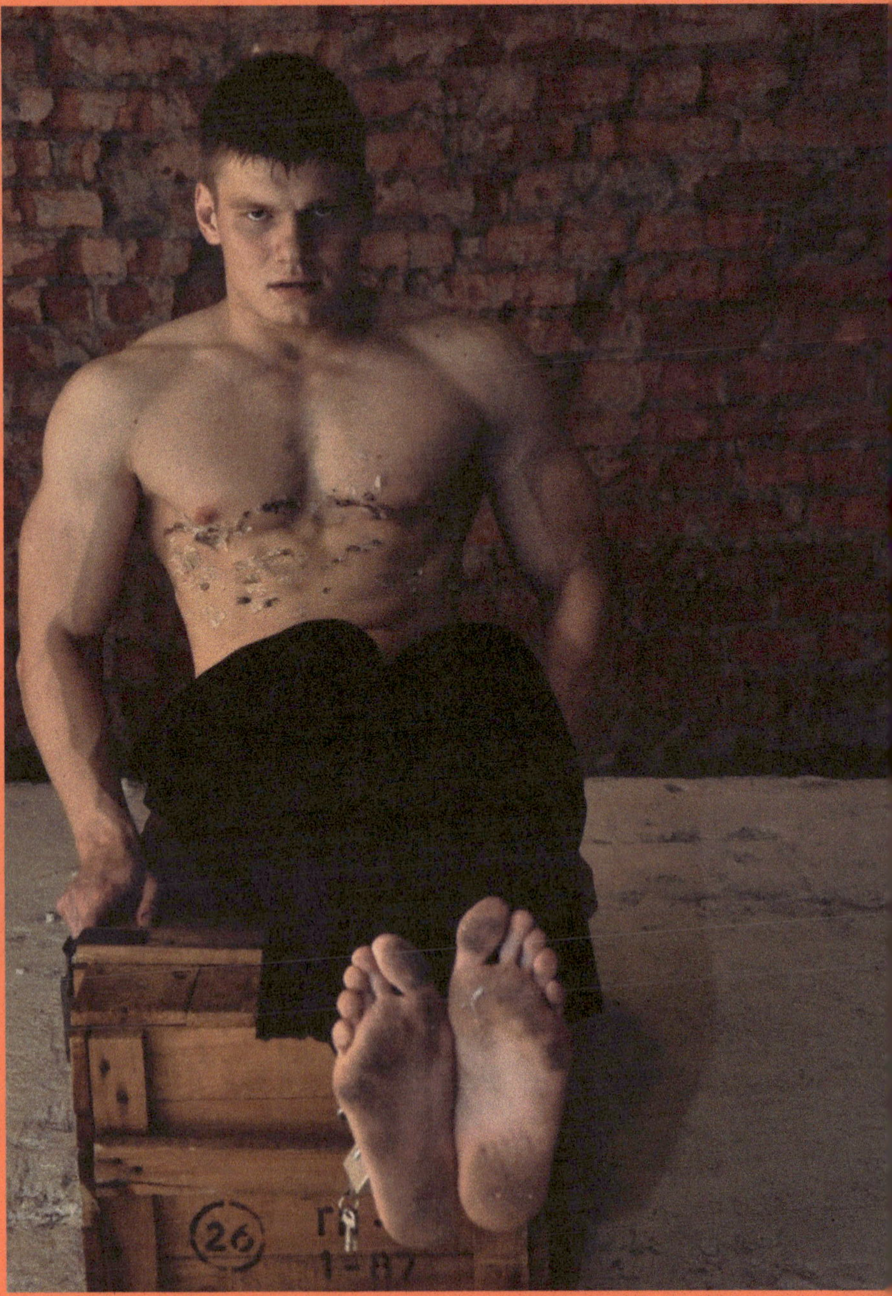
26

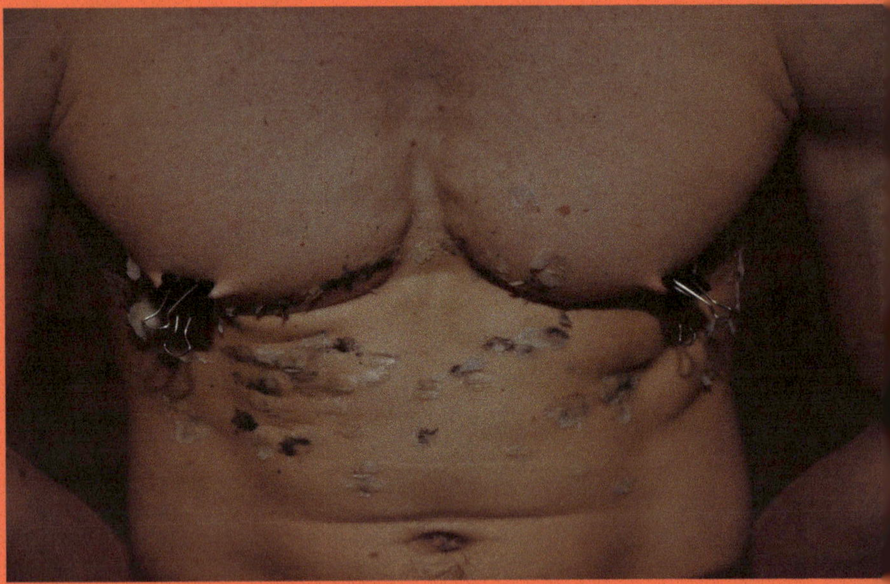

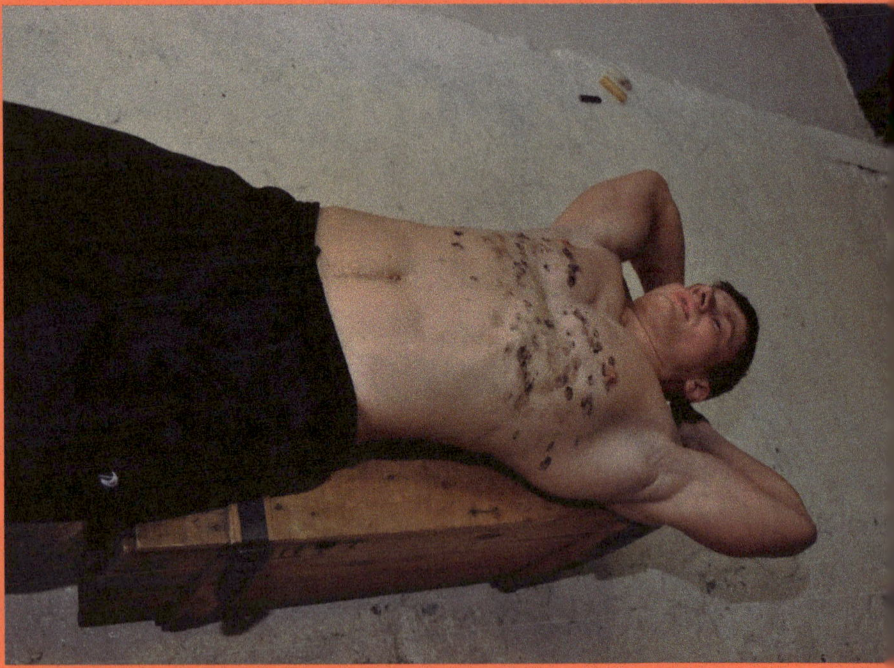

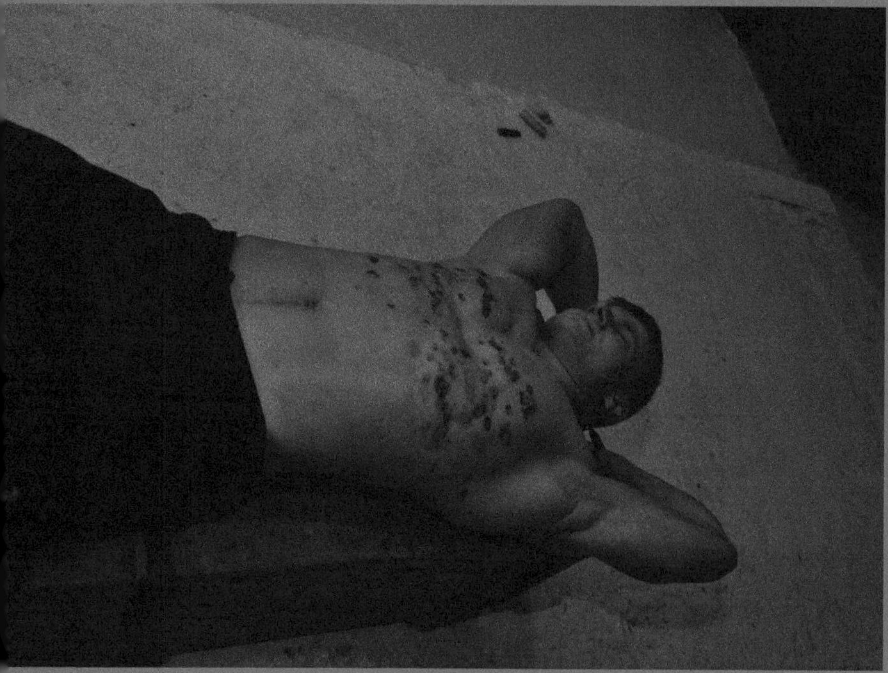

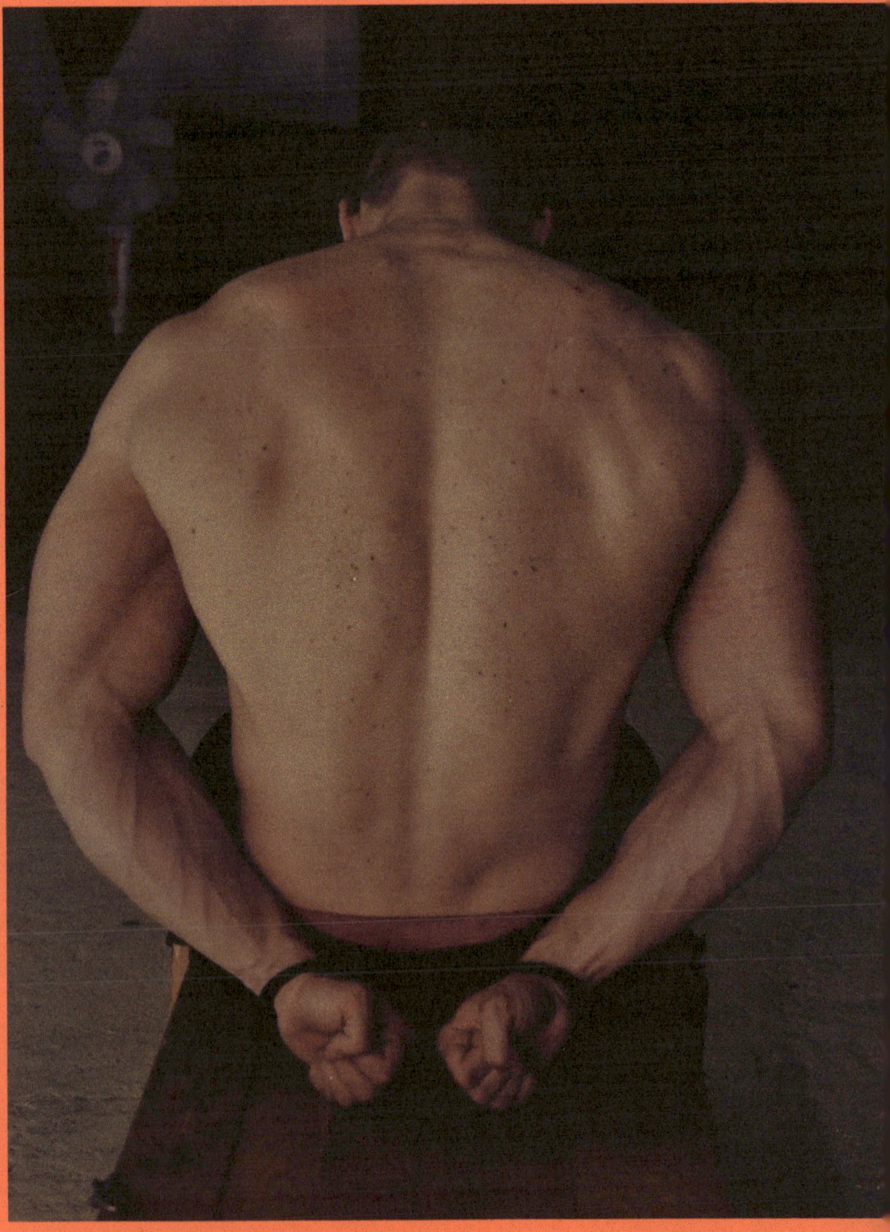

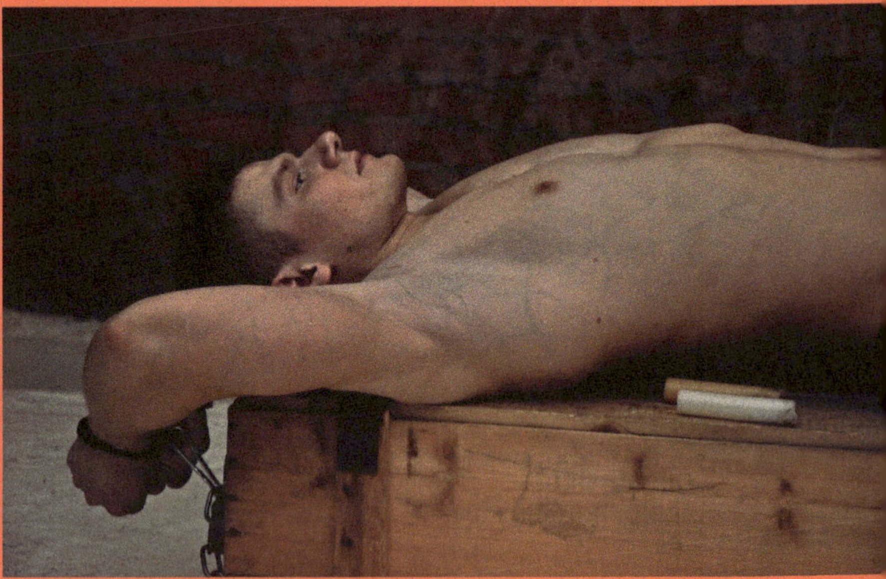

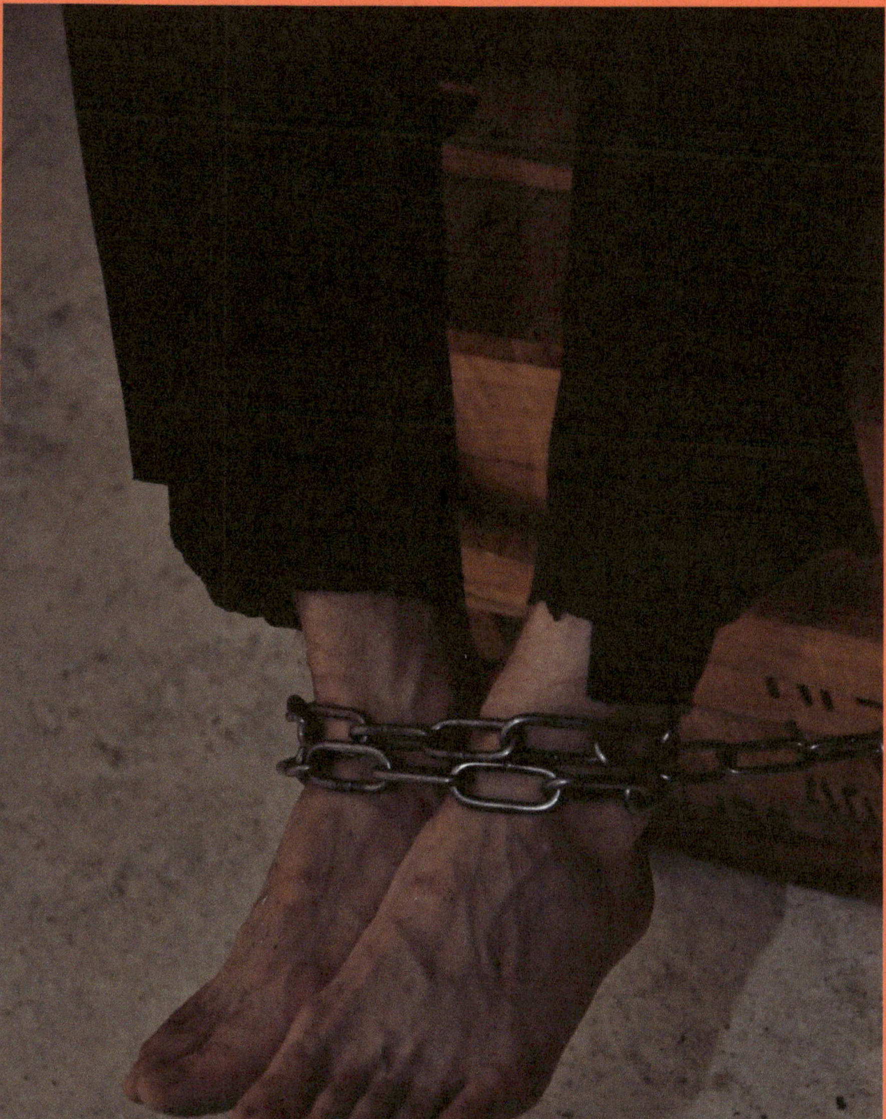